Guitar World Presenta — Lecciones Privadas

Dep. Legal B-36748-95

HAL•LEONARD®
CORPORATION
7777 W. BLUEMOUND RD. P.O. BOX 13819 MILWAUKEE, WI 53213

Editado por: MUSIC DISTRIBUCION, S.A.
C/ Holanda, 28 - 08903 L'HOSPITALET DE LLOBREGAT (Barcelona)

TODO GUITARRISTA SUEÑA

con estudiar con su intérprete favorito. Desgraciadamente, el mundo es como es, y la mayoría desecha esta idea considerándola una mera fantasía. ¿Una clase privada de guitarra con Steve Vai, B.B. King, Metallica o los Allman Brothers? ¡Ridículo!

Ridículo hasta que *Guitar World*, la revista de guitarra más vendida del mundo, se decidió a escuchar las plegarias de guitarristas de todo el mundo.

A lo largo de los cinco últimos años, *GW* ha ido presentando regularmente en estas páginas consejos y trucos enseñados directamente por los mejores guitarristas de hoy en día. Ahora, en colaboración con HAL LEONARD CORPORATION, os traemos lo mejor de estas históricas lecciones en una extraordinaria serie de libros. En cada uno de estos revolucionarios volúmenes de nuestra *Serie Lecciones Privadas*, una gran variedad de superestrellas revelarán los secretos que han hecho que sus técnicas sean famosas en el mundo entero. Aprende a tocar con destrozadores de guitarras como *Diamond Darrell*, *Eric Johnson* y *Kirk Hammet*; descubre la forma de aplicar *bend* a las notas de gigantes del blues como *Johnny Winter* y *Stevie Ray Vaughan;* o deja que los miembros de grupos como *Megadeth* o *Anthrax* te enseñen a llegar a ser un maestro del thrash metal.

Otros libros pueden intentar enseñar a los guitarristas a tocar como sus héroes, pero este es el primero que se atreve a ir directamente a las fuentes y proporcionar lo realmente auténtico. ¿Un sueño hecho realidad? Puedes estar seguro.

Así que abre el libro y empieza. Es el libro que has estado esperando. Si alguna vez has sentido el deseo de aprender paso a paso con las leyendas del rock y del blues, aquí tienes tu oportunidad. Garantizamos que la *Serie Lecciones Privadas* enseñará algunos trucos nuevos - y los licks más fuertes y actuales - incluso al zorro más viejo.

Brad Tolinski
Editor Jefe
Guitar World Magazine

Calor Extremo

Actualmente muchos jóvenes guitarristas sufren una terrible enfermedad social: el abuso del tap. **Nuno Bettencourt** de Extreme muestra técnicas con las dos manos que te permitirán llevar tu tapping hasta fronteras completamente nuevas.

POR DAVE WHITEHILL

EL LÉXICO DE técnicas de guitarra rock ha aumentado de manera espectacular en los últimos 20 años, gracias a visionarios como Jimi Hendrix y Eddie Van Halen. Pero cuando miles de guitarristas empezaron a imitar directamente las técnicas pioneras de los maestros, lo que en un principio eran licks nuevos e interesantes se convirtieron en ejercicios vacíos y monótonos. Para muchos componentes de la actual generación de guitarristas, «estilo personal» significa tocar los clichés más rápido que otro guitarrista, o ignorarlos por completo.

Pero existe un término medio para aquellos intérpretes que deseen un compromiso personal: encontrar nuevas formas de aplicar las técnicas establecidas. Uno de los más notables y prometedores magos de las cuerdas es el extraordinario Nuno Bettencourt, ganador en la categoria de «Mejor Nuevo Talento» en la encuesta realizada en 1991 entre los lectores de Guitar World.

Bettencourt consiguió hacer un hueco en su apretada agenda para compartir con nosotros su enfoque único del tapping - enfoque que le distingue de la horda de clones de Van Halen. La primera vez que comentamos el fenómeno del tapping,

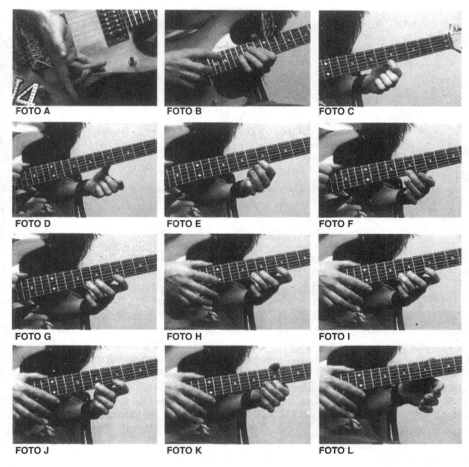

FOTO A FOTO B FOTO C
FOTO D FOTO E FOTO F
FOTO G FOTO H FOTO I
FOTO J FOTO K FOTO L

Nuno opinó «Por mucho que el tapping pueda sonar bonito, o deslumbrante, muchos guitarrista aún lo usan como una forma de escabullirse, de disimular su falta de toques ortodoxos. Es muy importante no abusar de él. Cuando estás luchando al tocar en directo puedes utilizarlo para tocar más rápido, pensando 'aquí quedará bien.' Pero al igual que cualquier otro efecto, es sólo un efecto de sonido.»

FIGURA 1

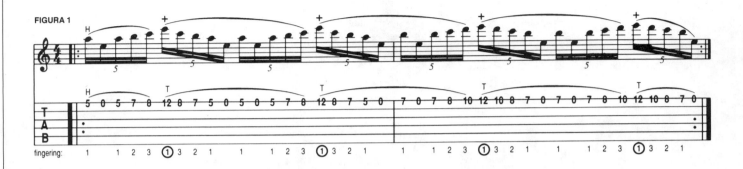

FIGURA 2

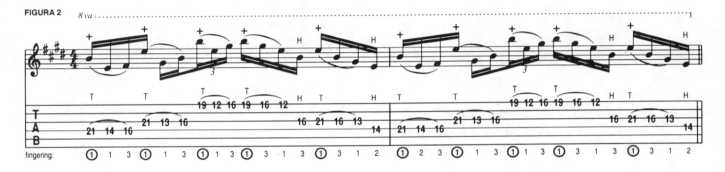

Antes de empezar con uno de sus licks personales, Nuno y yo examinamos brevemente las características de su técnica de tapping con la mano derecha. A diferencia de muchos músicos, como por ejemplo Reb Beach, que cogen la cuerda de la manera normal (entre el pulgar y el índice) y usan los dedos restantes para el tapping, Nuno prefiere coger la cuerda entre la primera y tercera articulación del dedo corazón de su mano derecha (Fotografía A). Esto le permite aplicar el tap con el dedo índice, que es un dedo más fuerte, y también le facilita el uso de la palma de la mano derecha para enmudecer las cuerdas no utilizadas (Fotografía B). Al aplicar tap a una nota con su índice, muchas veces «desplaza» ligeramente la cuerda hacia abajo para hacer sonar la siguiente nota. Esta maniobra de «empuje» ayuda a mantener la cuerda vibrando, consiguiendo así más volúmen y proyección.

Una de las cosas que diferencia a Nuno del resto de los músicos es su técnica de tapping *con la mano izquierda* tan bien desarrollada. Los taps con la mano izquierda se conocen normalmente como *"martilleos de ninguna parte»*. En la notación musical, este martilleo se representa con la letra «H», que aparece directamen-te encima de la notación y de la tablatura estándar. [*Para más información, ver la lección con Billy Sheehan de este mes.*]

La Figura 1 es un lick que Nuno tocó para demostrar esta técnica. El lick se ejecuta en la primera cuerda de la siguiente forma:

1. Con el dedo índice de la mano izquierda, martillea la cuerda detrás del 5º traste (entre el 4º y el 5º traste: ver Fotografía C). Debería sonar una nota La.

2. Retire el dedo de la cuerda; sonará la nota Mi (Fotografía D). Para mantener la vibración sonora de la cuerda, el dedo debería tirar de ella lateralmente (alejándola del centro del mástil). Este movimiento se conoce como *estiramiento* (pull-off).

3. Vuelve a martillear la cuerda por detrás del 5º traste (La) con el dedo índice (Fotografía E).

4. Martillea la cuerda por detrás del 7º traste (Si) con el dedo corazón (Fotografía F). Mantén el dedo sobre la cuerda.

5. Martillea la cuerda por detrás del 8º traste (Do) con tu dedo anular (Fotografía G). Observa en la fotografía la posición de los dedos índice, corazón y anular de Nuno sobre la cuerda por detrás de los trastes 5º, 7º y 9º respectivamente. Esto sirve de preparación de los estiramientos del tiempo 2.

6. Ahora aplica el tap a la cuerda por detrás del 12º traste (Mi) con el dedo índice de la *mano derecha* (Fotografía H).

7. Utilizando la técnica de "empuje" de la mano derecha descrita anteriormente, retira el dedo de la cuerda para que vuelva a sonar la nota Do (8º traste). Esto se debe hacer con un movimiento rápido de la muñeca (Fotografía I).

8. Retira el dedo corazón de la mano izquierda de la cuerda para que suene la nota Si (Fotografía J).

9. Repite la acción para el dedo anular y posteriormente para el dedo índice, para hacer sonar las notas Si y Mi, respectivamente (Fotografías K y L).

10. Continúa martilleando (Hammer-on), estirando (pull-off) y aplicando tap como hemos mostrado, ajustando la posición y la digitación de tu mano izquierda a las notas más agudas del compás 2. Cuando llegues al final del compás 2, desplaza rápidamente tu mano izquierda a su posición original y repite la secuencia entera, empezando por el principio. De todas formas, observa que dado que la cuerda ya está sonando debido al estiramiento del final del compás 2, no hará falta que martillees la primera nota «desde ningu-

FIGURA 1

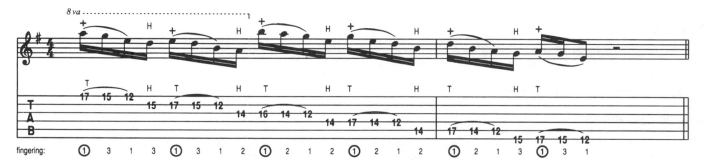

na parte». Por el contrario, deberías oir un flujo de notas contínuo, sin interrupciones. Cuando toques este lick, trata de apagar las cuerdas 2ª, 3ª, 4ª, 5ª y 6ª con la palma de tu mano derecha, para evitar así sonidos no deseados.

Como alternativa a los arpegios normales que se oyen con tanta frecuencia entre los guitarristas actuales, Nuno consigue el mismo efecto tocando martilleos de ninguna parte a lo largo del mástil. Dado que ninguna de las notas está pulsada, el sonido tendrá la suavidad del piano. Para demostrar esta técnica y para ilustrar la idea que en gran parte se encuentra detrás de su solo en «He Man Woman Hater», Nuno me enseñó el siguiente lick de arpegio de Mi aumentado 9 (Fig. 2). Este ejercicio ayuda a desarrollar una buena técnica de martilleo con la mano izquierda. También introduce la omisión de cuerdas (en este caso se omite la 2ª cuerda). [*Para más información, consulta la lección con Eric Johnson de este mes.*] Nuno recogió la misma idea básica y me mostró como se podría usar para crear un lick pentatónico en Mi menor descendente (Fig. 3).

Para concluir nuestra lección de *tapping*, Nuno destacó, «Debes saber valorar estos ejercicios en su justa medida, y añade lo que quieras - diferentes ritmos y combinaciones de notas». Sugirió coger una muestra familiar, como los tresillos con *tapping* del final de «Eruption», y doblar encima de las notas *tap*. Y su último consejo fue, «No te quedes con un solo formato - el mío o el de cualquier otro.»

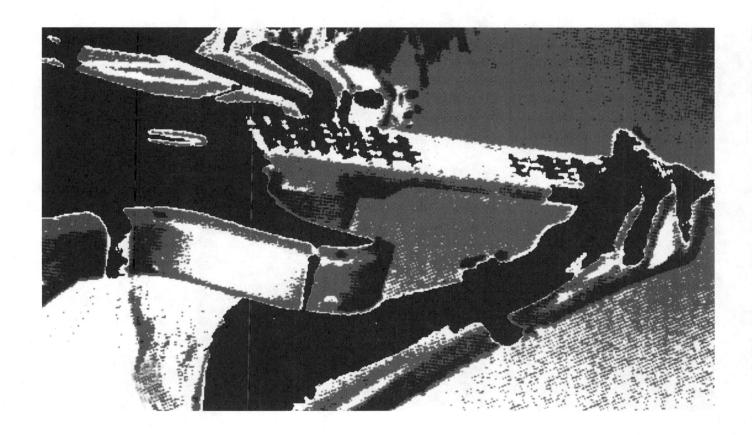

UNA CLASE PRIVADA CON NUNO BETTENCOURT DE EXTREME

Porno-riffitti

Nuno Bettencourt, el Mejor Intérprete del Año según *Guitar World*, nos sirve algunos suculentos secretos de las seis cuerdas, comparte con nosotros algunos de sus mejores consejos y nos sorprende con una brillante revelación acústica.

POR NICK BOWCOTT

Si alguna vez has intentado dominar una canción o un solo de Extreme, seguramente te habrás dado cuenta de que Nuno y Cia. tocan prácticamente siempre un semitono por debajo del tono estándar. La mayoria de músicos de rock lo hacen simplemente para que sus vocalistas puedan alcanzar más fácilmente esas esquivas notas altas, pero la motivación de Nuno es bien distinta: «Bajo el tono para poder tocar mejor y mejorar el sonido», dice. «Me gusta que las cuerdas estén sueltas y en general el timbre es más oscuro.»

La acción en la tan gastada Washburn N4 es increiblemente intensa. «Me gusta aplicar bend a las notas,» comenta. «Y me gusta poder hacerlo sin que las cuerdas patinen bajo mis dedos. Con ello consigo un mejor control sobre las cuerdas.» Esta explicación en la guitarra preferida de Nuno se revelará muy útil.

FACTORES FUNKY

Entre las técnicas que emplea Nuno para dar un toque más funk a sus interpretaciones se encuentra la técnica del *enmudecimiento con la mano izquierda*. Esta útil maniobra percusiva implica mantener de forma muy leve los dedos de la mano izquierda sobre las cuerdas mientras tocas; tal y como muestra Nuno en la Figura 1 - un motivo funky que recuerda a uno de los de «Get the Funk Out.» Las notas enmudecidas o amortiguadas están indicadas con una x tanto en la partitura como en la tablatura. Cuando toques este ejemplo, asegúrate de que las cuerdas marcadas con una x no entren en contacto con los trastes. Si lo haces correctamente, esta técnica debería producir «chucka-chucka» sordo.

El intenso uso que Nuno hace de la técnica del enmudecimiento «tal vez provenga de estar rodeado de baterias toda mi vida», dice el guitarrista. «Creo que tocar ruidos rítmicos como éstos hace que todo suene un poco mejor. He estado enmudeciendo cuerdas desde que tengo uso de razón. Me llegó de forma natural, ya que es de naturaleaza percusiva, y siempre me ha sido fácil tratar con todo lo percusivo.

"Con el enmudecimiento no importa el lugar en que sitúas la mano en el mástil,» continúa Nuno. «Tan sólo hace falta que utilices más de un dedo para matar las cuerdas.»

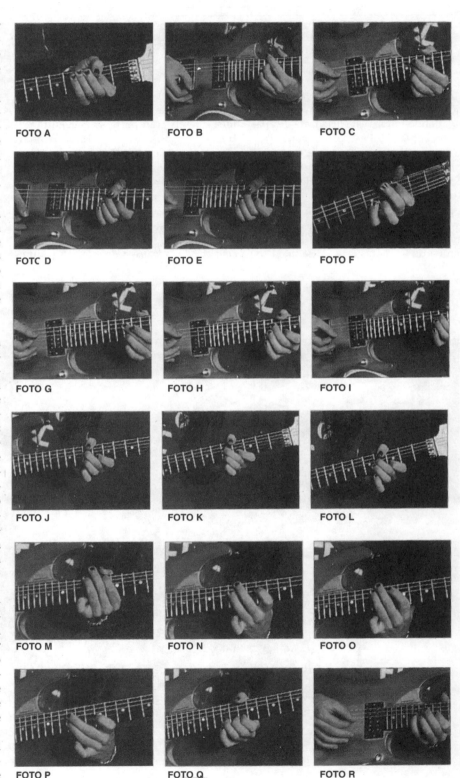

FOTO A · FOTO B · FOTO C · FOTC D · FOTO E · FOTO F · FOTO G · FOTO H · FOTO I · FOTO J · FOTO K · FOTO L · FOTO M · FOTO N · FOTO O · FOTO P · FOTO Q · FOTO R

UNA CLASE PRIVADA CON NUNO BETTENCOURT DE EXTREME

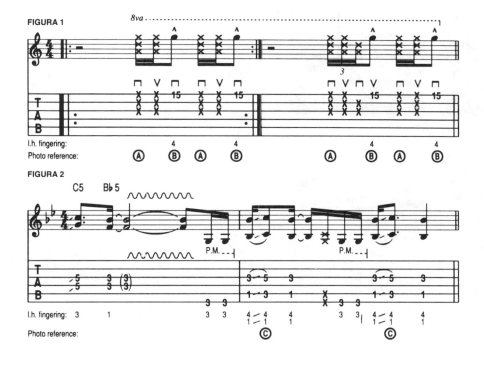

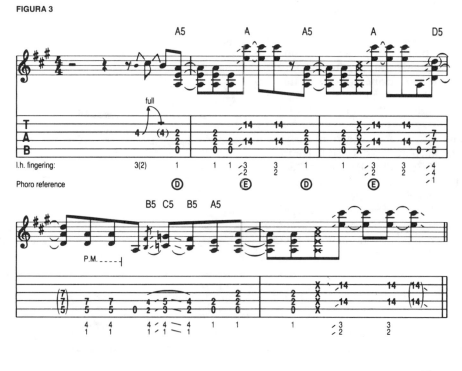

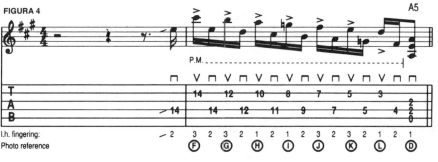

El problema de usar un dedo para el enmudecimiento es que existe el peligro de poner, sin darte cuenta, el dedo en un *nodo armónico* (un punto en la cuerda en el que se produce un armónico), con lo que se producirá un tono armónico no deseado en lugar del efecto de percusión. Pero no hay que desesperarse; basta emplear dos o más dedos de la mano izquierda en el enmudecimiento para erradicar estos molestos armónicos sin necesidad de preocuparse más de los *nodos armónicos*. El otro dedo «ahogará» (choke) la cuerda, eliminando así ese armónico no deseado. Observa en la Fotografía A que, siguiendo sus palabras, Nuno enmudece tres cuerdas (de la 1ª a la 3ª) con más de un dedo.

Las *díadas de octava* que se muestran en la Figura 2 son otro «factor funky» empleado de manera habitual por el guitarrista para aderezar sus apetitosos *golpes*. Nuno usa un solo rasgado para hacer sonar las octavas Sib y Do en el segundo compás, aunque también podrían tocarse con dos dedos.

Dado que las dos notas caen sobre las cuerdas 5ª y 3ª, la 4ª cuerda debe enmudecerse al utilizar la técnica de Nuno. Nuno lo consigue apoyando ligeramente la parte carnosa del dedo índice sobre la 4ª cuerda al tiempo que utiliza este mismo dedo para apoyarlo con fuerza sobre la 5ª cuerda (Fotografía C). Este ligero contacto con la 4ª cuerda evita que ésta suene al tocar las cuerdas.

"Siempre intento apagar todas las cuerdas que no utilizo," comenta Nuno. "Esto ayuda a eliminar ruidos no deseados, y si toco una cuerda accidentalmente nadie se da cuenta." Nuno ilustra su afirmación en la Figura 3, una variación del riff del estribillo de "Decadence Dance." En la Fotografía D el dedo pulgar apaga la 6ª cuerda mientras toca un acorde de La5. En la Fotografía E el dedo índice reposa sobre las seis cuerdas para evitar cualquier sonido no deseado mientras toca la díada MI-Do# en el traste 14.

"No puedo recordar que nunca me haya sentado y practicado esta técnica en concreto," admite Nuno. "Simplemente se deriva de la manera de utilizar y reposar la mano izquierda. Una vez has tocado un poco empiezas a saber de manera intuitiva la mejor manera de apagar las cuerdas que no utilizas."

SILENCIOS Y RIFFS POTENTES

Aunque a Bettencourt le gusta dejar espacios (el los llama "espacio sonoro"), también es muy bueno creando riffs de acompañamiento. "Es simplemente cuestión de trabajar duro para encontrar algo que no sea demasiado aburrido," comenta. "Si trabajas en ello los riffs pueden ser parte integral de una canción en lugar de otro montón de escalas pentatónicas."

UNA CLASE PRIVADA CON NUNO BETTENCOURT DE EXTREME

FOTO S

FOTO T

FOTO U

FIGURA 6

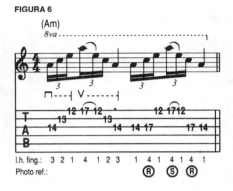

FIGURA 5

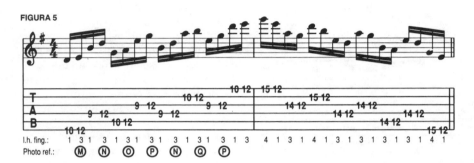

FIGURA 7

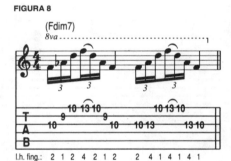

FIGURA 8

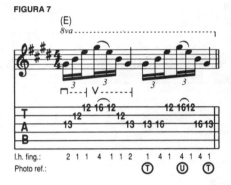

La Figura 4 es un ejemplo perfecto de un riff muy inteligente de Bettencourt. Esta atractiva idea tipo country con omisión de cuerdas utilizando la escala mixolidia en La (La, Si, Do#, Re, Mi, Fa#, Sol) recuerda mucho algunos de los licks utilizados en "Decadence Dance." Aunque este lick puede tocarse con un *método híbrido* (pua y dedos), Nuno utiliza sólo la pua, atacando todas las notas de la 4ª cuerda de manera descendente y las notas de la 2ª cuerda de manera ascendente.

Observa que apaga todas las notas excepto la primera y el último acorde apoyando ligeramente la palma de la mano derecha "prácticamente sobre el puente" (*apagado con la palma*). Aunque Nuno toca bastante fuerte, sus cuerdas raramente se desafinan. "No tengo las manos tan duras," comenta. "Hay que tratar los riffs de acompañamiento con tanto cuidado como todo lo demás. No son una prueba en una olimpíada de guitarra; deben formar parte de la música."

OMISIÓN DE CUERDAS

Tal como demuestra la Figura 4, Nuno tiene una cierte inclinación por tocar utilizando la *omisión de cuerdas*. "Empecé a utilizar la omisión de cuerdas hace mucho tiempo para evitar los solos con escalas muy evidentes," explica Nuno. "Empezaban a aburrirme. La omisión de cuerdas puede hacer que incluso las escalas más simples suenen de manera mucho más interesante." Para corroborar este punto Nuno tocó la idea en Mi menor pentatónico que aparece en la Figura 5.

ARPEGGIOS INGENIOSOS

"La omisión de cuerdas también te permite tocar cosas estilo Yngwie," añade Nuno al pasar a tocar los dos arpeggios de La menor de la Figura 6, tocando el primero de manera normal y el segundo omitiendo cuerdas.

FIGURA 9

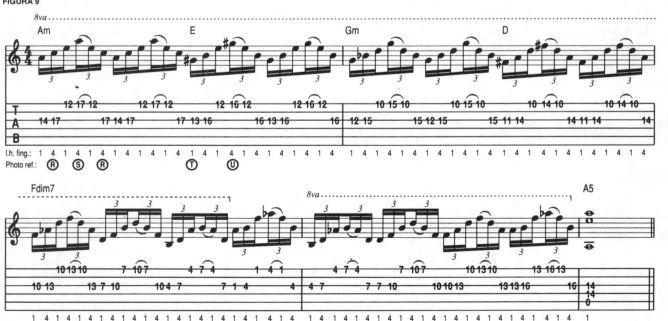

8

UNA CLASE PRIVADA CON NUNO BETTENCOURT DE EXTREME

FIGURA 10

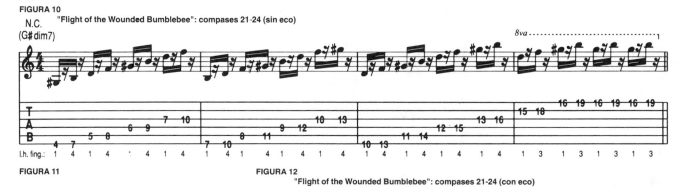

"Flight of the Wounded Bumblebee": compases 21-24 (sin eco)

FIGURA 11

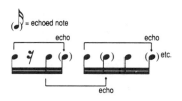

FIGURA 12

"Flight of the Wounded Bumblebee": compases 21-24 (con eco)

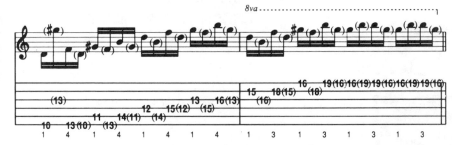

Para los que deseen explorar en mayor profundidad esta técnica, esta misma idea también puede aplicarse a los arpeggios mayores (Figura 7) y de séptima disminuida (Figura 8). Con estos conocimientos, ya estarás preparado para atacar la Figura 9. "Éste es un arpeggio con omisión de cuerdas que sigue un patrón de acorde muy simple. Es muy similar a algo que toqué en mi pieza de guitarra de nuestro primer album," explica Nuno. La progresión del acorde *implícito* aparece sobre la Figura 9.

ARTE DEL ECO

Pregunté a Nuno acerca del difícil arpeggio de Sol#dim7 (G#, B, D, F) de los compases 21-24 de "Flight of the Wounded Bumblebee" del disco *Pornograffitti*. [*Consulte la transcripción "nota-a-nota" de Dave Whitehill de este memorable solo en el número de enero de* Guitar School.] "Vi la transcripción de Whitehill," explicó Nuno con una mirada traviesa. "Todo está allí, pero la verdad es que no toqué todas las notas que se oyen. Para esta parte que me preguntas utilicé un retardo digital. Yo realmente toqué esto [*toca la Figura 10*], y el retardo hizo el resto."

Yo sentí un gran alivio al oír que Nuno utiliza el eco, ya que yo era incapaz de tocar esta frase disminuida a la velocidad correcta. Por lo tanto, miraremos rápidamente el ajuste de eco que Nuno emplea de manera tan inteligente en "Flight". El retardo está ajustado a una única repetición al cabo de tres semicorcheas después de la nota inicial. La Figura 11 muestra el patrón resultante (las notas de eco aparecen entre paréntesis). Con este ajuste, la Figura 10 debe sonar como la Figura 12. Como ejercicio de técnica recomiendo intentar esta parte *sin* recurrir al eco. No lleves tu grabación a ningún sitio si no puedes tocar a la velocidad de 220 negras por minuto.

REVELACIONES ACÚSTICAS

En vista del éxito de "More Than Words" y de "Hole Hearted", pedí a Nuno algunos consejos para la guitarra acústica. Su respuesta me sorprendió. "Para ser honesto, no soy un buen guitarrista acústico," afirmó. "Es decir, suena bien, pero no soy suficientemente bueno como para dar consejos para la guitarra acústica. Cuando toco "Hole Hearted" en directo me canso y me duelen los dedos. Esto demuestra lo poco que toco la guitarra acústica y lo poco experto que soy," comentó riendo.

DESPEDIDA

Para terminar, Nuno da este último consejo: "Este tipo de lecciones no deben ignorarse, ya que creo que son interesantes, pero creo que es mucho más beneficioso intentar aprender lo que otro hace con la guitarra a tu manera. Con esto quiero decir que deberías intentar sacar un par de canciones por tu cuenta sin ningún tipo

de ayuda. Esto te ayudará a desarrollar tu propia forma de tocar algunas partes y licks. Si cometes el error de intentar aprender al detalle la manera en que toca tu guitarrista favorito tu futuro como guitarrista se verá afectado. Tienes que desarrollar tu propia personalidad musical, y esto sólo se consigue a partir de la percepción personal."

Nick Bowcott es colaborador de Cozy Powell

CÓMO TOCAR ROCK

El Arte de Improvisar

Demostrando que es mucho más que el mayor guitarrista de rock sureño,
Dickey Betts de los Allman Brothers' Band revela los secretos que hay
detrás de sus fluídas improvisaciones bebop

POR DAVE WHITEHILL

DESDE LOS DÍAS de sus míticas apariciones en el Fillmore East hasta sus actuales conciertos maratonianos, los Allman Bothers' Band han sido los reyes en el arte de la improvisación colectiva. Por lo tanto, cuando Rickey Betts y su amada Les Paul aparecieron por aquí el otro día le pedí si podía explicar su concepto general de la improvisación a los lectores de Guitar World. Dickey, un tipo complaciente donde los haya, estuvo en seguida de acuerdo.

Dickey empezó la clase con un análisis de "Kind of Bird", un tema instrumental del último álbum de los Allman Brothers, *Shades Of Two Worlds*. En la melodía de "Bird" hay una gran fuerza improvisatoria que, en vista de sus antecedentes musicales, no es ninguna sorpresa. "[*El otro guitarrista de los Allman*] Warren Haynes y yo no estábamos nada contentos con las melodías que nos salían, por lo que paramos para comer algo. Al final nos pasamos toda la tarde escuchando a Charlie Parker [*saxofonista de jazz*]. Más tarde empezamos a escribir de nuevo y partimos de lo que habíamos estado escuchando todo el día– bebop."

La Figura 1 muestra el tema principal de la canción. Observa el *perfil melódico* angular de los compases 6, 7, 14 y 15–

FIGURA 1

UNA LECCIÓN CON DICKEY BETTS

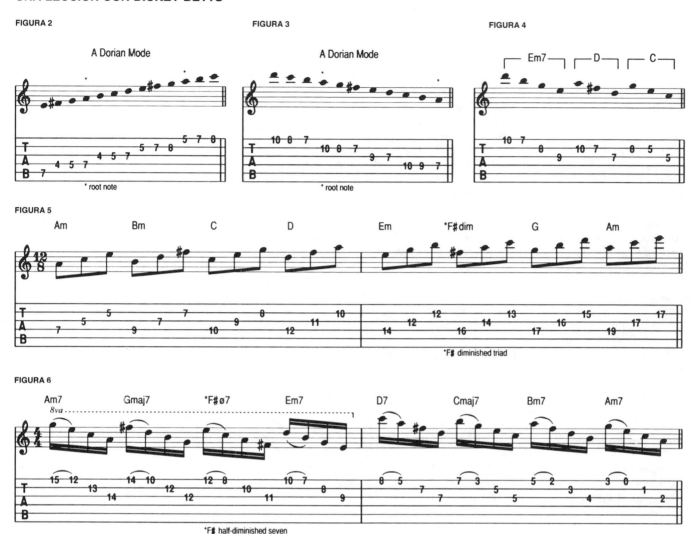

FIGURA 2

A Dorian Mode

* root note

FIGURA 3

A Dorian Mode

* root note

FIGURA 4

Em7 — D — C

FIGURA 5

Am Bm C D Em *F#dim G Am

*F# diminished triad

FIGURA 6

Am7 Gmaj7 *F#ø7 Em7 D7 Cmaj7 Bm7 Am7

*F# half-diminished seven

FIGURA 7

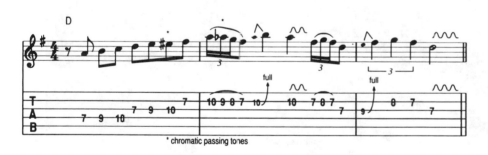

D

* chromatic passing tones

Una característica muy Bird (el sobrenombre de Parker era "Bird" por sus elevados solos). En lo que a Dickey respecta, la forma de la línea es tan imnportante–o más–que las notas en si. "No buscamos los cambios de acordes hasta más tarde. De esta manera no estábamos limitados por nada, y podíamos seguir la melodía fuera a donde fuera." Y continúa, "La mayoría de mis partes de guitarra son más como partes de viento, probablemente debido a que escucho a Bird, Miles Davis y Roland Kirk."

El *modo dórico* (1, 2, b3, 4, 5, 6, b7) es una escala menor muy utilizada entre los músicos de jazz. Puesto que el sexto grado es sostenido, igual que en la escala mayor, tiene un sonido algo más brillante que la escala menor pura (1, 2, b3, 4, 5, b6, 7). Las Figuras 2 y 3 representan las dos posiciones principales de La en modo dórico (A, B, C, D, E, F#, G) utilizadas por Dickey durante su segundo solo en "Kind Of Bird" (grabado "en vivo" en el estudio).

"Estaba tocando junto a las congas, intentando seguir el ritmo latino," comenta Dickey. "Los ritmos iban y venían a partir de los patrones de las congas. A medida que se desarrollaba la improvisación fuí pasando a un ritmo de fiesta brasileña, imaginando todo su colorido y centrándome en las congas más que en nada más. Me encanta la percusión, y con frecuencia escribo cosas basadas en tiempos y ritmos de percusión."

Uno de los momentos más impresionantes del solo de Betts es una improvisación policordal con la superposición de varios arpeggios sobre un acorde de Lam7. La Figura 4 muestra las digitaciones de arpeggio recurrentes que utiliza. Los tres arpeggios están basados en el modo dórico de La. Las Figuras 5 y 6 muestran las díadas y los acordes de séptima restantes de esta tonalidad. Intenta tocarlos sobre cualquier sucesión de acordes en La menor, experimentando con diferentes ritmos y patrones melódicos.

Betts también es muy aficionado al modo mixolidio (1, 2, 3, 4, 5, 6, b7). Se refiere a él como la "escala dominante," ya que suena de manera muy agradable cuando se toca sobre un acorde de séptima dominante (1, 3, 5, b7) basado en la misma nota fundamental. Este modo puede oírse de manera extensiva durante el segundo solo de Dickey en "Nobody Knows" (*Shades Of Two Worlds*). En este caso utiliza el modo mixolidio en Re (D, E, F#, G, A, B, C). Esta escala contiene las mismas notas que el modo dórico en La (la escala de Sol mayor es la "escala padre" de ambas), por l,o que la digitación que aparece en las Figuras 2 y 3 también puede utilizarse aquí.

He tomado algunas partes del solo y las he reducido a una única frase para que podáis estudiarlas (Fig. 7). Observa que aquí también la melodía contiene dos notas que no pertenecen al modo mixolidio de Re, E# y Ab. Estas notas funcionan como *tonos intermedios cromáticos*, el primero ascendente y el segundo descendente.

En cuanto a la técnica de la mano derecha, Betts utiliza normalmente una púa de la manera tradicional. No obstante, algunas veces utiliza púas en todos los dedos y, con frecuencia, toca con la "mano desnuda" al tocar slide, utilizando el pulgar y los dedos para pulsar las cuerdas.

Dickey afirma que las afinaciones al aire que utiliza para tocar slide varían según el instrumento y el estilo particular de la canción. "Para la guitarra eléctrica utilizo básicamente la afinación de Mi abierta [*ascendente: E, B, E, G#, B, E*]. En la guitarra acústica utilizo siempre la afinación de Sol [*ascendente: D, G, D, G, B, D*]. Si quiero que Robert Johnson o Willie McTell suenen sobre una base eléctrica, afino a Sol al aire."

Dickey nos ofreció este resumen de sus ideas sobre la interpretación: "Yo toco de oído, y toco lo que oigo y siento. Si no suena muy bien, intento sentirme mejor yo mismo–o termino tocando melodías realmente oscuras."

Lejos de considerarlo oscuro, no obstante, mucha gente encuentra el estilo y el sonido de Betts "brillante" y "alegre". Él es consciente de esto. "Intento sentir buenas vibraciones," comenta. "Me gusta. Cuando tenía 18 años utilizaba mucho este sonido de escala mayor, como en "Jessica" y "Ramblin Man." Solía improvisar con David Lyle, un guitarrista de country, que sigue siendo uno de los mejores que he oído nunca. Creo que también tocaba mucho de esta manera con Gregg, ya que él tenía un estilo muy melodramático y yo vi la necesidad de añadir otros colores para evitar sonar de manera muy oscura. En los niveles de interpretación más elevados puede decirse que desarrollamos nuestros estilos juntos. Es decir, estábamos tocando juntos desde 15 años antes de formar los Allman Brothers. Entonces nos limitamos a afinar nuestra habilidades improvisatorias.

"Aunque conozco las escalas dominante, mayor y menor," comenta Betts, "yo no pienso en escalas cuando toco–simplemente en posiciones sobre el mástil que funcionarán para el modo en concreto de la canción. Miro el mástil y me imagino la mejor manera de pasar de un área a la siguiente. La razón por la que es difícil hablar de la improvisación es que es como un relámpago–no sabes cuáles serán las notas hasta que las tocas. Si piensas demasiado dejas de improvisar."

Pero Betts no pretende ser un primitivo musicalmente hablando, como si hubiera creado "Jessica" de una manera aleatoria. "Las cosas más importantes que pienso son *melodía* y *sentimiento*. Si toco al aire libre observaré el paisaje y la gente e intentaré obtener una sensación. Es como un pintor ante un cuadro–expresas lo que interiorizan tus sentidos. Evidentemente, lo que toca el resto de la banda también tiene mucha influencia. Si van en una dirección puedes ir con ellos e intentar influenciarlos para vayan a otro sitio. Esto es impresionismo. Tengo unos sentimientos y los expreso con melodías. Mi improvisación surge más o menos de aquí."

Lección de Guitarra Infernal

Algunos licks sinuosos y simétricos para guitarra solista, cortesía del guitarra de Pantera, **Diamond Darrell**

POR NICK BOWCOTT

CONSIDERADO POR MUCHOS como un grupo de thrash, los Pantera de Texas prefieren describir su mezcla única de agresividad y melodía como "verdadero heavy metal con potencia." Llámalo como quieras, el álbum de debut de la banda en una compañía importante en 1990, *Cowboys From Hell*, es el equivalente musical a una doma de potros salvajes. El explosivo brillo de esta grabación, unido a un espectáculo en directo que hay que ver para creer, han hecho de Pantera uno de los grupos surgidos en los últimos años de los que más se ha hablado.

El fundador y guitarra solista de Pantera es Diamond Darrell. Antes del reciente concierto de la banda en el Marquee Club de Nueva York, Darrell consiguió superar una "resaca del infierno" para ofrecernos una amplia vista de su estilo y de sus técnicas como solista.

Digno de mención entre los trucos de Darrell es su uso de *formas de mástil simétricas* o *patrones de digitación*. La Figura 1 es un diagrama de esta idea. Para facilitar la velocidad sobre el mástil, la digitación de la mano izquierda es idéntica en todas las cuerdas. Es probable que observes que este patrón tiene poco o ningún parecido con las escalas y los modos que estás acostumbrado a oír. No te preocupes. Como verás, la mayoría de formas simétricas están construidas pensando en la facilidad de interpretación con la mano izquierda; su base escalar (que normalmente es muy compleja) viene después. La mayoría de las veces la escena es la siguiente: Un intérprete encuentra una forma que le es confortable, le gusta lo que suena cuando la traslada por el mástil, y ¡ya está! Y ha nacido un nuevo patrón simétrico de digitación. La teoría musical ni siquiera entra en juego. La Figura 2 es algo que Darrell tocó para mi, y está basado en el mismo patrón.

"Me encontré con este riff {*toca las seis primeras notas de la Figura 2*} mientras improvisaba un día, y me pregunté cómo sonaría si lo tocaba de la misma manera {*un tresillo apagado seguido por una repeti-*

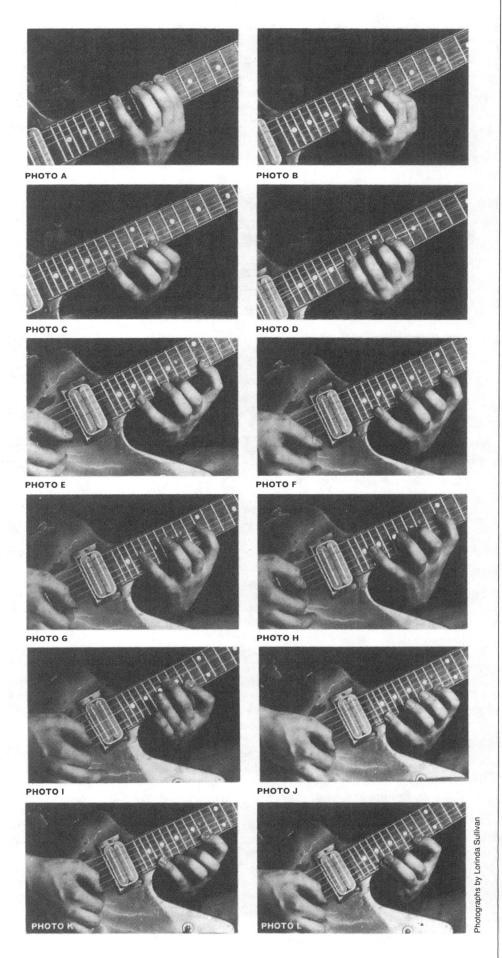

PHOTO A

PHOTO B

PHOTO C

PHOTO D

PHOTO E

PHOTO F

PHOTO G

PHOTO H

PHOTO I

PHOTO J

PHOTO K

PHOTO L

Photographs by Lorinda Sullivan

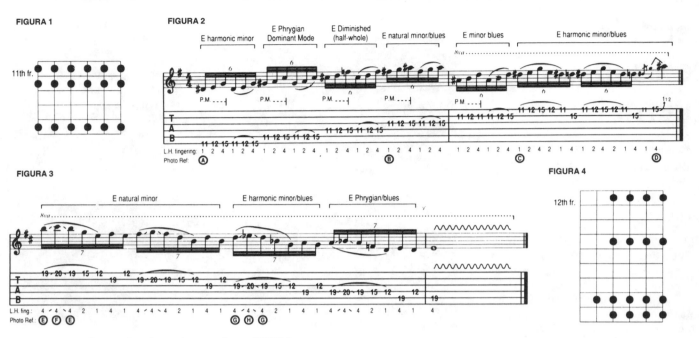

FIGURA 1

FIGURA 2

FIGURA 3

FIGURA 4

FIGURA 5

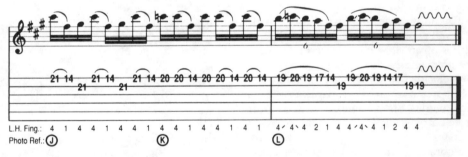

ción en legato}en todas las seis cuerdas manteniendo la mano izquierda en la posición 11," recuerda Darrell. "Lo probé, pensé que sonaba bastante bien, y aquí está." El resultado en Mi menor aparece en la Figura 1. Como verás, Darreil altera ligeramente el riff cuando llega a la cuerda Mi aguda, pero permanece en el patrón de digitación simétrico que ha creado. Presta una atención especial al bend de un tono y medio del meñique con el que concluye la frase. Darrell refuerza el bend con los tres dedos restantes de la mano izquierda, tal como muestra la fotografía D.

Sobre la Figura 2 hemos incluido una referencia escalar/modal. Es importante que no te dejes impresionar por su aparente complejidad; sólo la he incluido para aquellos interesados en las razones teóricas por las que esta frase funciona en la tonalidad de Mi menor. (También he hecho lo mismo para el siguiente ejemplo). Tal como afirmó Darrell : "Cuando experimento con patrones móviles no digo, 'Oh, empezaré con una escala en La menor pentatónica y después pasaré a la escala dórica, mixolidia, jacolidia o lo que sea.' Mis armas son el sentimiento y la espontaneidad; no tienes por qué ser un genio de la teoría musical para tener ideas. Simplemente debes tocar algo tal como te gusta, y te sentirás bien–tanto si lo entiendes como si no."

La Figura 3 muestra otro patrón simétrico basado en Mi menor del repertorio de nuestro profesor invitado; la Figura 4 muestra el patrón que utiliza Darrell sobre el mástil para esta figura. El hecho de estar construido a base de *sietillos* (siete notas por tiempo) le da una calidad alegre y armoniosa. Esta figura requiere una cierta cantidad de fuerza y precisión en la mano izquierda (especialmente del meñique) debido a su amplio legato. Si eres nuevo en este tipo de cosas, procura no lesionarte al intentarlo. Aumenta el ritmo poco a poco y recuerda siempre que debes realizar el calentamiento de las manos antes de ejercitar los dedos.

El genial Darrell cerró la sesión sirviendo un suculento bocado de blues en Fa# menor (Fig. 5) que rinde homenaje a dos de sus primeros ídolos de la guitarra. Por si no puedes descubrirlo, los licks pentatónicos netamente fraseados de los dos primeros compases deben mucho al estilo de Ace Frehley. La deliciosa parte de *Sturm und Drang* de amplios intervalos en 5ª bemol (Do natural en Fa# menor) es un guiño al irrepetible Edward Van Halen.

Hablando de Van Halen, se dice de él que fue el pionero en la utilización de patrones de digitación simétricos en el rock. ¿Sorprendido? Si desea más información acerca de ello, busca la introducción de David Whitehill a su transcripción de "Ice Cream Man" de Van Halen en el número de junio de 1991de Guitar World. Pero lo que es más importante es que intentes crear unos cuantos patrones simétricos propios. si suenan de la manera que quieres, los resultados pueden sorprenderte.

Nick Bowcott, antiguo guitarra solista de Grim Reaper y Barfly, se dedica a la apicultura en Sussex.

Escritura Envenenada

El guitarrista **C.C. DeVille** nos ofrece revelaciones eruditas acerca del proceso de escritura de canciones que ha hecho de **Poison** los monstruos de los hits en el terreno del pop-metal

POR JEFF GILBERT

TÚ ESTÁS AHÍ negándolo rotundamente, pero la verdad acaba por saberse: Aunque odias a Poison con toda tu alma, "Unskinny Bop" te hace sonreír con un cierto placer estúpido. Es uno de estos placeres que no te atreverías a confesar en público. Pero bueno–tampoco tienes porque arrepentirte. Es una canción pegadi-

za. En realidad, es prácticamente imposible no tararear al oír una melodía de Poison. Y además, a tu chica le gustan, y tu harías lo que fuera para tenerla contenta, ¿no es verdad?

La escritura colectiva de Poison es la responsable de la composición de más éxitos que cualquier otra banda de rock, quasi-rock o pseudo-rock activa–un hecho por el cual merecen un cierto respeto. Por otro lado, son la banda que los guitarris-

tas prefieren odiar. ¿Cuántas veces has visto a C.C. DeVille en la MTV y has pensado, "¡Coño! yo también podría hacerlo"?

¡Ja!. Si tú y todos los detractores de DeVille pudierais "hacer esto" no estaríais sentados en vuestro sillón favorito leyendo con avidez esta entrevista con C.C. DeVille para ver *cómo* lo hace. Estaríais disfrutando de los placeres de la buena vida y en el número uno de las listas de éxitos mundiales.

UNA LECCIÓN CON C.C. DeVILLE

"No es arte," afirma DeVille, un hombre con éxitos pero sin ilusiones. "Son hamburguesas. Y nunca podemos olvidar que aquí estamos haciendo hamburguesas. Yo no soy Amadeus."

GUITAR WORLD: ¿Cómo escribes una canción de éxito?

C.C. DeVILLE: Leí una entrevista con Marty Friedman de Megadeth en la que afirmaba que era muy difícil escribir una canción de éxito siendo un buen guitarrista. Tienes la tendencia natural a escribir una canción en la que puedas demostrar todas tus habilidades. Es irónico: trabajas duro para llegar a ser un buen guitarrista, y la cosa por la que has luchado tanto se gira contra tuyo cuando pasas a la siguiente fase–ser un compositor de canciones. Aparte de esto, no lo sé [*risas*].

GW: ¿Entonces cómo es que escribes las canciones de Poison?

DeVILLE: En los grupos de rock normalmente es el guitarrista el que escribe las canciones; no hay mucha gente que escriba canciones con el bajo o la batería.

GW: ¿Para componer utilizas una guitarra eléctrica o acústica?

DeVILLE: Siempre escribo con mi guitarra eléctrica. El amplificador puede no estar conectado, pero me siento mejor con una guitarra eléctrica. Para mí es difícil tocar una guitarra acústica cuando intento vibrar. Normalmente escribo en un tono distorsionado, a menos que escriba una balada. Básicamente escribo en el tono que deseo para el producto acabado. Mucha gente encuentra esto divertido. Yo corro escaleras abajo cuando me viene una idea, pongo el amplificador a todo volumen y escribo estas canciones pop. [*risas*] De momento estoy satisfecho con mi idea básicamente pop de la música, pero con un tono algo más inquieto. "Unskinny Bop" es casi una melodía country.

GW: ¿De alguna manera la escritura de canciones se ha convertido en algo automático para ti?

DeVILLE: Siempre que *intento* escribir una canción, nunca me sale. Imagínate la situación: "Nos estamos pasando del presupuesto y le perdemos todo, los de Capitol están al teléfono y estamos en las últimas. Tienes que componer una canción de éxito." No hay manera. [*risas*] De pronto me entra un estreñimiento terrible. O necesito una chacha que me limpie la parte inferior de mi espalda. O sea que me tomo tiempo para escribir. Otra cosa que hago cuando intento escribir una canción es practicar todas mis escalas y mis ejercicios rutinarios. Normalmente al cabo de una hora de realizar estos ejercicios empiezo a hacer algo nuevo, a explorar y a aventurarme. Entonces empiezan a pasar cosas.

GW: ¿Cómo documentas tus ideas?

DeVILLE: No he anotado nunca nada, y muy raras veces utilizo una grabadora. Si la idea es buena se me queda. Pero mis ideas no salen de grandes riffs; salen de un gran riff *y* de la melodía; si tienes que tocar una canción de éxito sin la parte vocal, deja de ser una canción de éxito. El éxito aparece cuando combinas la música y la melodía–y los mejores aparecen cuando la melodía y el riff no son iguales. Tu *nunca* quieres que esto suceda. Cuando el bajo y la guitarra hacen lo mismo [*canta el riff de "Sunshine Of Your Love"*] es bonito, pero ¿quien ha cocinado este plato tan soso? No es que no me guste Clapton; simplemente lo he utilizado como un ejemplo. Pero se vuelve así de monótono, un sonido como una vibración de LSD. [*risas*] La magia proviene de la melodía. Cuando esto sucede, puedes oírlo.

GW: ¿El ambiente influye en tu manera de escribir canciones?

DeVILLE: Me encanta escribir canciones mientras estoy en el autobús de gira. Surgió como una necesidad, porque al principio Poison daba tantos conciertos que no teníamos tiempo para sentarnos y escribir. Empecé a esperar con ganas el momento después del concierto para comer algo, ir a mi habitación y empezar a desarrollar ideas. Escribí la mayor parte de *Open Up And Say Aahh* en el autobús.

GW: ¿Qué es lo que te inspira una canción?

DeVILLE: Si me peleo con mi novia, esto es malo; no obstante, es bueno para la inspiración. Si estás siempre escribiendo llegas a capturar todos los traumas de la vida.

GW: ¿Qué piensas de las canciones de otra gente?

DeVILLE: No diré nunca que no escucho música de otra gente, que no utilizo ideas de otras bandas. Lo hago y punto. Creo que fue Robert Johnson que dijo, "Si robas de una persona es un plagio, si robas de mucha gente es investigación." [*risas*] Yo intento seguir esta línea. No me gusta utilizar la palabra "robar" porque tiene un significado negativo. Escucho muchas bandas como Deff Leppard para ver como lo hacen para sonar tan bien. No voy a cerrar las orejas ante lo que hacen mis contemporáneos. Espero que alguien escuche mi música y diga, "Vaya, otra estúpida canción de éxito, pero funciona."

GW: ¿Escuchas alguna vez sonidos no musicales que te inspiren?

DeVILLE: Sí. Hay una vieja historia: un tipo camina por la calle y oye a alguien en un edificio en construcción golpeando algo con un martillo. Sigue caminando y se encuentra con alguien barriendo. Sigue caminando–se encuentra con un tipo cambiando una rueda. Todos estos sonidos–mientras camina por la calle–crean un cierto ritmo. Estos ruidos cotidianos y normales crean el efecto de una orquesta. ¿Qué relación tiene esto conmigo? No lo sé. [*risas*] Básicamente estoy influenciado por muchas cosas que pasan.

GW: ¿Qué es lo que te inspiró "Nothing But A Good Time"? Fue un gran éxito para la banda.

DeVILLE: Es una de mis canciones favoritas. Es el epítome de una canción de verano–el riff es el clásico riff. No sé exactamente qué es lo que me inspiró, excepto que quería una canción "brillante." En aquel momento buscábamos una canción estrella–no necesariamente una canción con aires pop–pero una que fuera "brillante." No fue realmente sensacional hasta que no tuvo una buen gancho de guitarra.

GW: No es que sea tan diferente de "Talk Dirty To Me."

DeVILLE: ¡Exactamente! Pero más actual; "Talk Dirty To Me" sonaba más como una canción de surf de los sesenta. No quería que fuera "Oh, mira, Poison ha hecho otra canción igual." Era muy importante que volviéramos con una canción con un sonido actual. Cuando grabamos "Fallen Angel" empezamos a desarrollar nuestro propio estilo.

GW: ¿Te sientes encasillado como una "máquina de componer éxitos"?

DeVILLE: ¿Me estás tomando el pelo? Yo he creado un monstruo. Me siento como el Burt Bacharach de estos jodidos noventa.

GW: Pero ahora vuestra casa discográfica espera éxitos...

DeVILLE: Sí. Pero precisamente ahora que nos volvemos un poco viejos–y diciendo esto me estoy poniendo en una situación peligrosa–nos entran las ganas de experimentar, hasta el punto en que dejamos de pensar en la "canción de éxito." "Experimentar" no significa reproducir cintas al revés y grabar "Paul is dead." Deseamos experimentar, pero estamos nerviosos porque ahora estamos empezando a establecer cierta credibilidad. No deseo salir con algo como *Guerra y Paz*, ya que tendrías chicos de catorce años diciendo "Vaya, esto no puedo tararearlo. ¿Qué pasa con la narración?"

GW: ¿Qué deseas conseguir como compositor de canciones?

DeVILLE: Deseo dejarlo antes de que ya no tenga nada que decir. No deseo terminar en el circuito de antiguallas. Veo espectáculos de variedades como Danny and the Juniors cantando aún sus viejos éxitos y pienso, "Dios mío, déjame morir antes de tener que hacer esto."

Espíritu Quinceañero

En un mundo patas arriba, **Eric Gales**, de 17 años, baja a la tierra con algunos licks llenos de pasión y un trabajo innovador con los acordes.

POR IWO IWASZKIEWICZ

ERIC GALES EMPEZÓ a tocar la guitarra a la temprana edad de cuatro años, antes incluso de aprender a montar en bicicleta. Su hermano mayor Eugene lo tomó bajo su protección y le dio a conocer la mayoría de sus influencias actuales– Stevie Ray Vaughan, Jimi Hendrix, Robin Trower, Eric Johnson y Frank Marino. Aunque Eric puede leer música muy bien, aprendió a tocar básicamente de oído, improvisando y practicando hasta 12 horas cada día.

Gales es un guitarrista zurdo que toca guitarras para diestros. No obstante, a diferencia de muchos zurdos (Jimi Hendrix, Paul McCartney, etc.) él no cambia el orden de las cuerdas de sus guitarras, y toca con un estilo de blues parecido al de músicos como Albert King y Otis Rush. Esto hizo que Eric desarrollara algunas técnicas muy peculiares para la digitación de acordes y líneas de notas, y esto acabó influyendo en su trabajo con los acordes y en su estilo de improvisar blues.

FOTO A

FOTO B

FOTO C

FOTO D

FOTO E

FOTO F

FOTO G

FOTO H

FOTO I

FIGURA 1

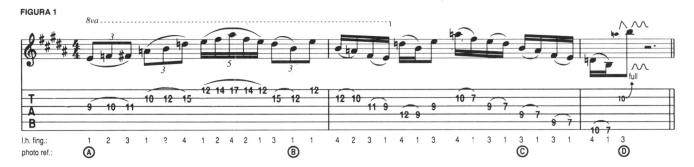

FIGURA 2

UNA LECCION CON ERIC GALES

FIGURA 3

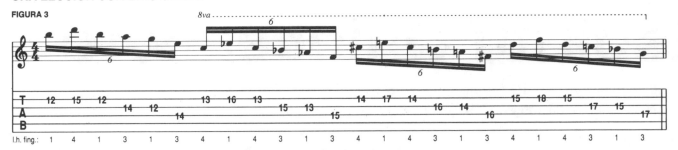

FIGURA 4 D
FIGURA 5 Am11
FIGURA 6 Asus$_2^4$(add ♭6)
FIGURA 7 Gadd9/B

photo ref.: Ⓘ   Ⓙ   Ⓚ   Ⓛ

FIGURA 8 Am9
FIGURA 9 Am$_6^9$ (maj7)
FIGURA 10 E$_6^9$

photo ref.: Ⓜ   Ⓝ   Ⓞ

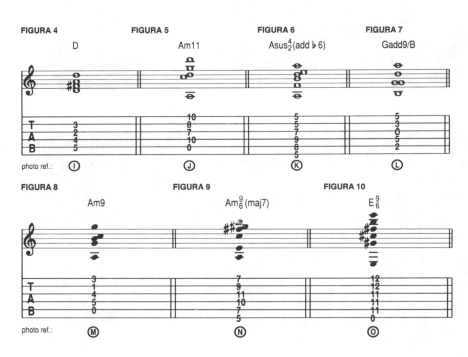

FOTO J   FOTO K   FOTO L

FOTO M   FOTO N   FOTO O

FOTO P   FOTO Q   FOTO R

El estilo de Eric combina los licks de blues y las escalas pentatónicas, el fraseado en legato, muchos bends de las cuerdas, rápidos cambios de posición y un terrible vibrato. La Figura 1 es una frase pentatónica en Si menor que demuestra su suave técnica de ligado (martilleos y estiramientos). Para poder tocarlo de manera adecuada, este lick requiere una buena habilidad con los dedos y un cambio rápido de posición. He arreglado la frase para un guitarrista diestro, y he incluido la digitación para la mano izquierda bajo la tablatura. Su amplia gama (casi tres octavas) lo hacen interesante de oír y desafiante de tocar. Eric termina esta frase–que ideó después de aprender la manera en que Eric Johnson conectaba sus posiciones pentatónicas– con un bend y un vibrato muy emotivos. Aunque Gales reconoce rápidamente el origen de este lick, se las arregla para utilizar la fórmula de Johnson sin copiarla de manera descarada. Todo se lo hace suyo al tiempo que retiene una atmósfera blues propia.

"Siempre que toco oirás blues", comenta Eric, "ya que es de donde vengo. Igual que cualquier bluesman genuino, Eric improvisa sus solos tanto en el estudio como en el escenario. Cada solo es una combinación única de licks y de invenciones melódicas espontáneas de su repertorio. La Figura 2 es un lick pentatónico de Do# menor, con el que Eric suele empezar sus fraseados. Esta frase en particular demuestra la velocidad de Eric, así como algunos bends y vibratos llenos de blues y de alma.

La Figura 3 ilustra un patrón ascendente cromáticamente tocado por Eric. Este tipo de lick es perfecto para construir la *tensión melódica* de una canción, especialmente si se toca sobre un acompañamiento de acordes muy suave y monótono. Los amplis intervalos de este patrón hacen de él también un excelente ejercicio técnico. El hecho de utilizar martilleos, estiramientos o la pulsación de cuerdas es únicamente una opción personal.

El hecho de que un zurdo toque una guitarra para diestros tiene distintas ventajas–y desventajas, especialmente en el caso de los acordes. Como referencia, observa la manera en que Eric toca un acorde de Re mayor (Fig. 4, Foto I). De manera sorprendente, en este caso utiliza la mis-

FIGURA 11

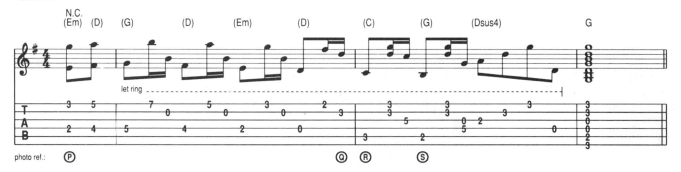

ma digitación que utilizaría un diestro. Debido a la inusual coincidencia de cuerdas y dedos, no obstante, puede tocar acordes que serían prácticamente imposibles para un diestro. La Figura 5 y la Fotografía J ilustran la posición de Eric para un acorde de Lam11. La cuarta doblada en las octavas da a este acorde un cierto sonido atmosférico.

La Figura 6 y la Fotografía K muestran la alucinante posición para el acorde de Lamsus4/2/addb6). Este acorde tiene un cierto misterio, lo cual parece gustar mucho a Eric.

La Figura 7 y la Fotografía L muestran la digitación de Eric para la primera inversión (tercera inferior) del acorde de Soladd9. Observa la nota fundamental doblada (Sol) tocada en las cuerdas 3ª y 4ª. Este ejemplo demuestra la ventaja de Eric con algunas digitaciones de acordes; esta posición es bastante difícil para los diestros. No obstante, el impresionante acorde de Lam9 que aparece en la Figura 8 (Fotografía M) es asequible para la mayoría de guitarristas. El intervalo de semitono (Si a Do) y la gama de prácticamente dos octavas aportan un sonido un tanto misterioso.

Para aprovechar aún más su ventaja Eric utiliza con frecuencia su mano de pulsación de las cuerdas (la izquierda) para digitar algunas posiciones. La Figura 9 (Fotografía N) muestra la posición para un colorista acorde de Lam6/9(mayor7). Pero, ¿ha existido nunca este acorde? En cualquier caso, ahora sí existe. Eric coloca el dedo índice de la mano izquierda para tocar la nota La más grave (traste 5/cuerda Mi grave), y extiende su mano derecha entre los trastes 7 y 11, lo que da un total de seis trastes para una posición.

No obstante, este poco ortodoxo enfoque de Eric tiene sus desventajas. Con frecuencia se encuentra con que tiene encontrar maneras de digitar acordes que los diestros dan por hechos, como el acorde de Mi6/9 que aparece en l a Figura 10 y en la Fotografía O. Eric, de manera muy inteligente, pasa la mano derecha por encima del mástil, como Jeff Healey. "Esto lo aprendí de Albert Lee," comenta con orgullo.

Eric normalmente toca sus acordes pulsando las cuerdas o pulsándolas y golpeándolas. Con ello crea una textura totalmente diferente de la de un diestro, ya que su pulgar golpea las cuerdas de Mi aguda, Si y algunas veces Sol, mientras que sus dedos corazón y anular pulsan las cuerdas de Re, La y Mi grave.

La Figura 11 muestra un pasaje pulsado con los dedos que es similar a la introducción de "Place And Time/World For Ransom," de *Resurrection*, el álbum de debut de Eric en Elektra. Las décimas mayor y menor utilizadas junto a la cuerda Si al aire dan al pasaje un sonido elegante y clásico, lo que ilustra otra faceta del estilo de Eric.

Las fotografías correspondientes (P-S) vuelven a demostrar que Eric utiliza el pulgar para tocar. La utilización del pulgar en una pieza de estilo clásico puede que sea considerada como blasfema por parte de algunos puristas, pero Gales utiliza esta técnica de manera muy efectiva. Éste es sólo un ejemplo de la actitud de Eric para dominar acordes que para él serían muy difíciles de tocar con sólo cuatro dedos.

CÓMO TOCAR ROCK

Mercedes Bends

Una excelente aventura hacia el bending reforzado, los armónicos
pellizcados, el vibrato, el punteo con los dedos y otros
Gibbonsismos–directamente de boca del jefe

POR NICK BOWCOTT

SE DICE muchas veces que lo que demuestra la verdadera sabiduría es decir muchas cosas en pocas palabras. Esto también se aplica al mundo de la guitarra, en el que algunos gastan toda una carrera para no decir prácticamente nada. Éste no es el caso de Billy Gibbons. Él es un verdadero sabio, y no sólo por lucir una barba de erudito. Lo que identifica el estilo del líder de ZZ Top es la *economía*–sin mencionar su misterioso tono y toque. Todos sus solos son la confirmación viviente de dos ideas a las que la mayoría de guitarristas no dan la importancia que realmente tienen: (1) Lo que no se toca es tan importante como lo que se toca, y (2) una nota bien colocada dice más que mil notas desperdigadas.

Gibbons condimenta incluso las líneas más rudimentarias con ligados, vibratos con la izquierda y armónicos inducidos. Él da vida al pasaje pentatónico en Do menor básico de la Figura 1 con los típicos "ZZismos" indicados en la Figura 2.

Guitar World se reunió hace poco con Gibbons y su guitarra para una sesión de técnica en su confortable habitación de hotel. La elocuencia, ingenio y entusiasmo con lo que dirigió la lección dan a entender que el mundo perdió a un gran educador cuando Billy optó por la fama, la fortuna y el pelo en la cara.

FOTO A

FOTO B

FOTO C

FOTO D

FOTO E

FOTO F

FOTO G

FOTO H

UNA LECCIÓN CON BILLY GIBBONS

La sesión empezó con una discusión acerca de los armónicos pellizcados, una técnica que Gibbons ha popularizado. "Descubrí los armónicos pellizcados de manera accidental, un poco antes de que saliera "La Grange," explica Billy. "Yo normalmente utilizo el extremo puntiagudo de la púa, pero un día tenía prisa y utilicé el extremo más romo. El resultado: un armónico increíble. Recuerdo que pensé, "Pero vaya, ¿qué es esto?" Esta técnica pasó a formar parte del arsenal de Billy.

Para producir un armónico pellizcado sigue estas instrucciones: Sujeta la púa de manera que sólo sea visible una parte de ésta (Fig. 3). A continuación, con una pulsación hacia abajo, toca la nota deseada de manera que la parte carnosa del pulgar golpee la cuerda al mismo tiempo que el borde de la púa. (Fig. 4)

Este pellizco debe realizarse en puntos específicos de la cuerda conocidos como "nodos." Existe un método para localizar los nodos para notas específicas (magistralmente detallado en la transcripción de "Doubleback" del número de marzo de 1991 de Guitar World), pero Billy admite que realiza sus demoníacos solos mediante un método de "azar subconsciente." "En los solos con armónicos me gusta el elemento sorpresa," comenta Billy. "El más mínimo movimiento hacia atrás o adelante puede mandarte a la estratosfera. Ésta es la belleza impredecible de los armónicos."

El siguiente punto de la agenda era el bend de cuerdas reforzado, una práctica muy antigua de Billy. "Yo siempre utilizo varios dedos para el bending," explica Billy. "Cuando empiezas con cuerdas más duras, tal como yo hice, necesitas toda la fuerza que puedas obtener. Por lo tanto, cuando aplico bend a una nota con mi dedo meñique [*a diferencia de muchos intérpretes de blues, Bill utiliza el meñique en muchas ocasiones para aplicar bend*], lo ayudo con los otros tres dedos [*Fotografía A*]. Un bend con el tercer dedo se apoya con los dedos corazón e índice, y así sucesivamente [*Fotografías B y C*]. La única ocasión en que no dispones de apoyo es con el dedo índice [*Fotografía D*]. Todo esto lo aprendí de Jeff Beck, Peter Green y Mick Taylor—eran los campeones del bend. Esto sin mencionar a Hendrix, ...

"El bend más difícil para mi es el vibrato lento como el de Clapton. Yo lo hago apoyándome sobre la base del dedo índice de la mano izquierda (Fotografía E). Siempre puedo sentir este punto de la palma de mi mano en contacto con el mástil cuando aplico vibrato a una nota con bend."

Añadir un vibrato controlador con la mano izquierda a una nota a la que se aplica bend no es fácil, pero, tal como Gibbons se apresura en señalar, la técnica pasa a ser algo instintivo una vez le has cogido el truco. La Figura 5 muestra una frase de

FIGURA 1

FIGURA 2

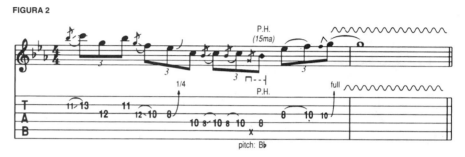

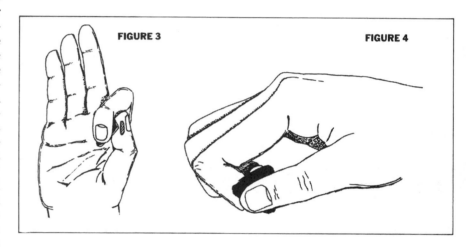

FIGURA 5

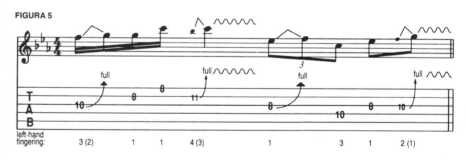

FIGURA 6

FIGURA 7

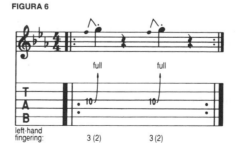

UNA LECCIÓN CON BILLY GIBBONS

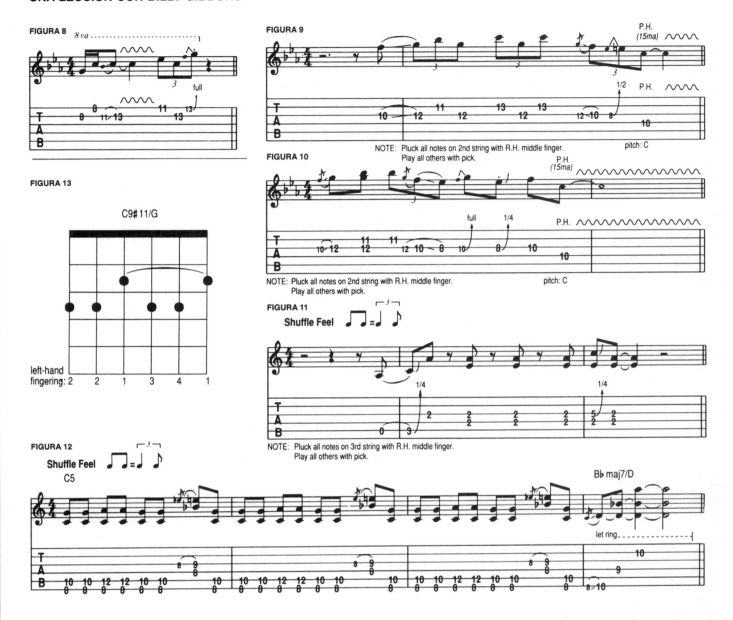

blues en Do en la que los cuatro dedos de la mano izquierda se utilizan para aplicar bend a las notas. Los números entre paréntesis indican los dedos que refuerzan los respectivos bends. El refuerzo no sólo añade fuerza, sino que también permite un mejor control del vibrato.

Una de las muchas técnicas con las que está asociado Billy es el "bend asesino"– un bend con staccato que se silencia nada más golpear la nota deseada. "En este momento la mano derecha pasa a ser tan importante como la izquierda," comenta Billy. "Cuando llegas a la afinación deseada golpeas la cuerda con la mano derecha." Para enseñarnos que tenía razón aplicó bend a una nota y puso el borde de la mano derecha delante del puente, amortiguando las notas y anulando el bend (Fotografía F).

Las Figuras 6 y 7 son ejercicios repetitivos pensados para ayudarte a perfeccionar el bend "asesino." No hay que aplicar mucha fuerza al movimiento de amortiguación, y hay que dejar que algu-

nos golpes sordos puntúen los licks. La Figura 8, una frase inspirada en B.B.King y que ha Billy le gusta mucho, contiene un ejemplo de bend asesino.

Gibbons utiliza con frecuencia los tres dedos de la mano derecha para pulsar las cuerdas (Figuras 9 y 10). También confía en esta manera de puntear con los dedos para facilitar las maniobras de salto de cuerdas y como medio para reforzar las partes rítmicas de piezas como "La Grange" y "My Head's In Mississippi" con un tono y un ataque sutilmente diferentes. "Esto es lo que los que tocan el banjo llaman la garra," comenta. (La Figura 11 contiene ejemplos de ambas técnicas."

Pregunté a Billy si podía darnos algunas ideas inusuales, y nos ofreció la sorprendente figura en Do mayor de la Figura 12. "Es muy bonito," comentó. "Todo lo que utiliza son las notas de un acorde de novena." (Fotografía G)

A continuación el barbudo bardo colocó los dedos en la extraña posición que muestra la Fotografía H y la Figura 13.

"Éste es mi acorde favorito de todos los tiempos," comentó Gibbons con una mirada pícara en sus amables ojos. "Yo lo llamo Sol destrozado." (Para los menos inclinados al romanticismo, el acorde de Billy también puede definirse como un Do9 con una 4ª aumentada.)

Cuando la clase ya llegaba a su inevitable final, Billy se mostró elocuente acerca de como consigue que su estilo rítmico minimalista suene tan grande–como consigue este "ritmo conocido como Memphis." Su secreto: tocar ligeramente desplazado en relación al tiempo, con lo que los acordes no compiten con el bajo y la batería en la oreja del que escucha. Los acordes tienen espacio para respirar.

En concierto, Gibbons utiliza con frecuencia elementos que hayan tirado al escenario, como púas. Yo le pregunté si alguna vez había descubierto algo que le hubiera sido realmente útil. "Bien," comentó lentamente, "siempre he pensado que el Living Bra de Playtex es lo mejor para los armónicos pellizcados."

CÓMO TOCAR ROCK

Licks de Terror

Su dominio de la pulsación rápida, de la omisión de cuerdas y del fraseado en legato han hecho que muchos le conozcan con el sobrenombre de "El Monstruo." **Paul Gilbert** de Mr. Big describe técnicas que provocan escalofríos, ponen los pelos de punta y hielan la sangre.

POR WOLF MARSHALL

PAUL GILBERT es uno de los intérpretes más disciplinados y agradables del mundo de la guitarra. También es uno de los que más trabajo tiene. Cuando no está en Mr. Big con sus terribles trucos y escalofriantes licks, Paul toca por L.A. con Electric Fence, un grupo que ha formado junto a Russ Parrish y Jeff Martin. El repertorio de la banda–Hendrix, Beatles, Sabbath, etc.– demuestra el gusto de Gilbert por los clásicos del rock a sus 24 años.

La devoción de Gilbert por la guitarra va unida a un profundo compromiso para desarrollar su maestría musical general. Actualmente estudia teclado de manera seria y pule sus técnicas de composición, producción e ingeniería en un estudio doméstico acogedor y bien equipado. A pesar de esta actividad, Paul no es obsesivo. Su sentido del humor le ha ayudado a ser uno de los guitarristas más populares entre los músicos–y un terrible intérprete en directo durante toda su carrera.

Con las guitarras en la mano, Gilbert y yo nos metimos en su saco sin fondo de misteriosos licks y seleccionamos unas cuantas joyas raras (Fig. 1-4).

FRASEADO EN LEGATO

La Figura 1 es la típica "frase en La dórico/blues" tocada por Paul y que pone los pelos de punta. Este monstruo híbrido

FOTO 1A

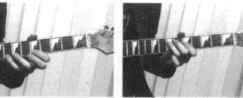

FOTO 1B

FOTO 2A

FOTO 2B

FOTO 2C

FOTO 2D

FOTO 3A

FOTO 3B

FOTO 4A

FOTO 4B

está basado en la escala dórica/de blues en La (A-B-C-D-D#-E-F#-G), una combinación de La en modo dórico (A-B-C-D-E-F#-G) y la escala de blues en La (A-C-D-D#-E-G). Este lick hace trabajar los dedos 3º y 4º de la mano izquierda y ayuda

a conseguir una buena técnica de legato [*martilleos y estiramientos*]. Yo utilizo los dedos 1º, 3º y 4º para todo el lick" (Fotografías 1A y 1B). "En los tiempos 3 y 4 [*compás 1*] toco un lick en legato en el que toco 11 notas en el espacio que normal-

UNA LECCIÓN CON PAUL GILBERT DE MR. BIG

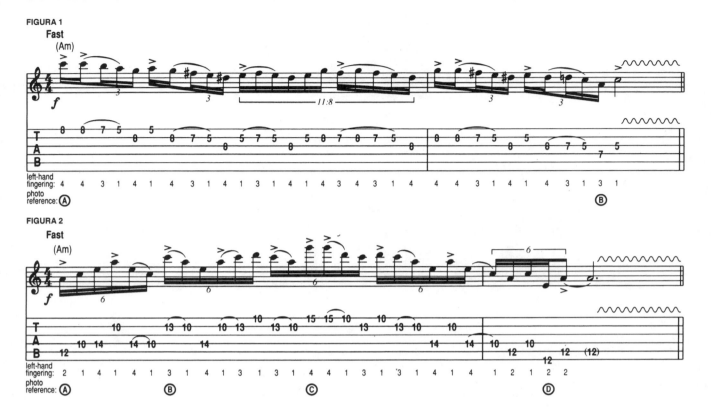

FIGURA 1

FIGURA 2

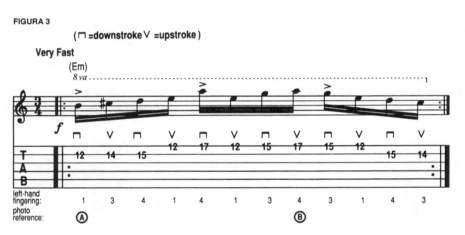

FIGURA 3

(⊓ =downstroke ∨ =upstroke)

mente ocuparían 8 semicorcheas" (*Esto está representado en la música por la relación 11:8*). Para tocar la nota Re# al final del compás 1 y la siguiente nota Sol al principio del compás 2, coloca el dedo meñique sobre las cuerdas 3ª y 2ª por detrás del 8° traste. Para separar las dos notas es necesario *girar* el dedo meñique de la 3ª cuerda a la 2ª después de pulsar la nota Re#.

"Lo que me gusta del blues es que es mucho más libre armónicamente que la música clásica. Puedes mezclar escalas mayores, menores, pentatónicas y dóricas–esto es definitivamente arte. Yo lo aprendí por mi cuenta escuchando a intérpretes como Pat Travers y Par Thrall–intérpretes que utilizaban muchos licks de blues/dóricos/pentatónicos mezclados–aunque a los 13 años mi oído no era muy bueno para sentir todo y esto y no tenía nombres para nada–pero simplemente me gustaba el sonido. Mucho más tarde, des-

pués de Yngwie, una vez ya había superado la armonía menor/neoclásica y deseaba volver al blues, utilicé los discos de Travers y Hall para reeducarme. 'Boom, Boom, Out Go The Lights,' concretamente tiene algunas frases de las que aprendí mucho."

OMISIÓN DE CUERDAS

La Figura 2 es, sin ninguna duda, una línea con *omisión de cuerdas* de Paul Gilbert. "La forma principal [*las cuatro primeras notas*] es un arpeggio de La menor con un salto de la 4ª a la 2ª cuerda [*Fotografías 2A y 2B*]. Primero es aconsejable practicar esta forma para dominar la omisión de cuerdas." Las digitaciones bajo los números son las utilizadas por Paul.

"Este lick es básicamente un arpeggio de La menor [A-C-E], aunque yo añado una nota Re en la 1ª cuerda y paso a un Sol agudo [*Fotografía 2C*]. Esto da a la línea un cierto aire pentatónico [*Una escala

pentatónica normal: A-C-D-E-G*] e incluye una cuarta perfecta para un intervalo de sonido amplio. La parte final [*compás 2*] incluye tanto la omisión de cuerdas [*4ª a 6ª*] y la utilización del 2° dedo para tocar las cuerdas 6ª y 5ª. Aquí también para separar las notas es necesario desplazar el 2° dedo de la 6ª cuerda a la 5ª (*Fotografía 2D*)

"Para la omisión de cuerdas normalmente utilizo lo que yo llamo la pulsación "exterior." Por ejemplo, al pasar de Mi a La [*4ª cuerda/traste 14 a 2ª cuerda/traste 10*] yo pulso el Mi hacia abajo y el La hacia arriba para evitar pulsar la cuerda Sol entre estas dos notas. Implica un mayor movimiento, pero para mi es mejor, especialmente cuando utilizo un estiramiento en combinación con la omisión de cuerdas. Yo siempre he preferido los licks con notas pulsadas y legato, ya que ofrecen varias dinámicas y ataques. A mi me suenan como si estuvieran respirando. La pulsación es decididamente más agresiva y tiene más fuerza, pero en algunos contextos puede ser demasiado fuerte. Por el contrario, el hecho de tocar todas las notas con legato puede resultar demasiado aburrido y monótono. La utilización de estas dos técnicas combinadas es como hablar–hay la respiración y las palabras."

PULSACIÓN RÁPIDA

El siguiente ejemplo (Fig. 3) es claramente uno de estos rápidos licks pulsados–los pasajes superagresivos de pulsación mixta que con frecuencia aparecen en los solos de Paul. Es el ejercicio perfecto para desarrollar velocidad y precisión en la

FIGURA 4

Moderately Fast

N.H.

8va ....

left-hand
fingering: 2 1 4 2 1 4 2 1 4 2 1 4 2 1 4 2 1 4 2 1 4 2 1 4 2 1 4 2 1

photo
reference: Ⓐ   Ⓑ

pulsación de cuerdas. Es el tipo de cosa que solía practicar siempre con un metrónomo. Es en Mi dórico [*Modo Mi dórico: E-F#-G-A-B-C#-D*], y normalmente lo repito varias veces. Cuando lo utilizo en un solo empiezo tocándolo muy deprisa y entonces veo si se ajusta rítmicamente al tiempo básico. Es decir, lo toco tan rápido como puedo y que sea lo que Dios quiera." [*risas*] Observa que aunque en el segundo tiempo [Fotografía 3B] la gama es muy amplia, Paul mantiene la digitación 1-3-4 para ambas posiciones (Fotografías 3A y 3B).

El último ejemplo (Fig. 4) es un lick rápido que incluye una utilización muy inteligente de los armónicos naturales (A.N.). "He estado utilizando este tipo de cosa durante mucho tiempo. Cuando empecé a experimentar con la secuenciación

melódica pensé que sería una buena idea incorporar los armónicos en un lick rápido, creando una figura básica y convirtiéndola en un patrón. Utilizando armónicos en lugar de notas del mástil pueden conseguirse efectos muy interesantes. El lick no está en ningún tono en particular, pero ahí está la belleza de tocar deprisa– no tiene porque estarlo. La mayor parte puede considerarse en tono de Mi–mayor, menor, mixolidio, lo que sea. Empieza en mi con un arpeggio de Mi mayor (E-G#-B], y termina en Mi, siguiendo un patrón de digitación simétrico en todas las cuerdas [*Fotografías 4A y 4B*]. Armónicamente es similar a lo que hace Eddie Van Halen– crear una forma, transportarla por todo el mástil y creer que tu convicción está ahí."

ÚLTIMO CONSEJO: LA PRÁCTICA
Paul aconseja que en primer lugar "te

sientas cómodo con las técnicas básicas" (omisión de cuerdas, pulsación mixta, etc.). Divide cada lick en pequeñas secciones. (Por ejemplo, practicar cada compás de la Figura 1 como un patrón independiente de repetición.) Ve aplicando velocidad de manera regular y gradual. "La interpretación en vivo es algo muy importante a tener en cuenta. Yo tengo una norma: para poder tocar algo en vivo tengo que ser el doble de bueno. Con cañones de confetti lanzando papelitos, mi guitarra colgando sobre las rodillas y la gente tirándome zapatos, *todo* es más difícil de tocar que cuando estoy en mi casa. Aunque la destreza y la fuerza de la mano son importantes, el conocimiento melódico/ armónico y la educación del oído son cruciales. Estos últimos serán el mapa que te indicarán hacia donde debes conducir tu coche musical."

Conoce a la mano

Kirk Hammet demuestra algunas de sus amplias frases y ejercicios de
precisión que hicieron de él el "Mejor Guitarrista Heavy" de 1991

POR NICK BOWCOTT

AHORA QUE METALLICA ha conseguido que el mundo sea más seguro para los guitarristas de thrash, cada vez se presta más atención a las muchas destrezas del ganador en la votación de 1991 entre los lectores: Kirk Hammett. Por fortuna para Guitar World y sus lectores, la creciente popularidad del Guitarrista de Heavy Metal del Año no ha afectado a su entusiasmo para compartir su amplia experiencia en las seis cuerdas. En la siguiente lección Kirk da consejos para practicar la velocidad de pulsación, varios licks y frases serpentinos y con una amplia gama, así como diversas consideraciones personales. Esta lección exclusiva también incluye varios ejercicios que Kirk aprendió de su gurú metálico, Joe Satriani.

Nos encontramos con Kirk después de que él y Metallica concluyeran una maratoniana sesión de dos horas y media. Lo que habría acabado con la fuerza de la mayoría de guitarristas dejó al thrasher pura sangre lleno de energía y preparado para lo que hiciera falta.

"Una manera de mejorar tu técnica de pulsación es haciendo esto [*toca la Figura 1*] o esto [*toca la Figura 2*]," comenta Kirk. "Ambos ejercicios son un buen calentamiento para la mano derecha. La mano izquierda no hace nada, por lo que puedes concentrarte totalmente en tu forma de pulsar las cuerdas. Si te concentras en trabajar con la muñeca y no con el codo el movimiento de pulsación puede ser muy preciso, controlado y económico [*consulta la entrevista con Hammett en la página 84*]. Yo recomiendo practicar ambos ejercicios utilizando la pulsación alterna y la pulsación hacia abajo. Esto ayuda a desarrollar velocidad y fuerza para cualquier trabajo rítmico intenso."

"También recomiendo practicar este ejercicio con una sola mano utilizando las seis cuerdas [*Figura 3*]. Esto te permitirá moverte de manera fluida entre las cuerdas al pulsar a gran velocidad. Si dispones de un metrónomo puedes utilizarlo para conseguir una mayor precisión."

"Ahora os enseñaré un ejercicio de pulsación alterna y de coordinación de las manos derecha/izquierda que Joe Satriani me enseñó," continúa Kirk. "Básicamente cojo un patrón de digitación y lo desplazo por el mástil hasta el máximo que puede llegar, y a continuación en sentido inverso [*Fig. 4*]. Éste es bastante difícil de

FIGURA 1

FIGURA 2

FIGURA 3

FIGURA 4

UNA CLASE PRIVADA CON KIRK HAMMET

FIGURA 5

FIGURA 6

FIGURA 7

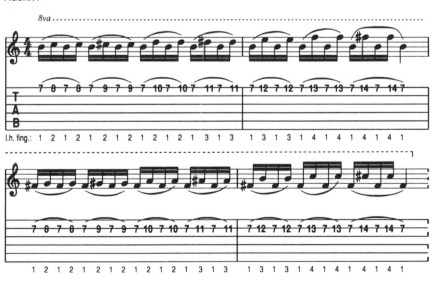

tocarlo deprisa, ya que hay muchas omisiones de cuerdas.

"El siguiente ejercicio [*Fig. 5*] agiliza y refuerza la mano izquierda–especialmente el dedo meñique," comenta Kirk. "Puede parecer poca cosa, pero si lo realizas de la cuerda Mi aguda a la Mi grave y viceversa varias veces, tus dedos van a notarlo." Al tocar esta figura no hay que cometer el común error de arrastrar inadvertidamente cada cuerda hacia abajo al aplicar estiramientos. La aplicación de bend, aunque sea muy ligera, hará que las notas tocadas suenen sostenidas.

"El siguiente patrón [*Figura 6*] te ayudará a aumentar tu fuerza de martilleo," comenta el Sr. Hammett. "Ésta es otra idea relativamente simple, pero te deja la mano izquierda hecha polvo." A medida que los dedos de la mano izquierda se refuerzan puedes intentar tocar esta figura desde la 1ª posición hasta la 12 y seguidamente en orden inverso. Aquí yo sólo he incluido seis compases, pero Kirk llevó este patrón hasta la posición 12.

"Joe [*Satriani*] me enseñó una vez un ejercicio [*Figura 7*] que es una verdadera pasada," exclama Kirk con una sonrisa diabólica. "Parece muy simple pero es muy duro. Te fuerza a ampliar tu alcance. Al aumentar el espacio entre los dedos de esta manera hace que cada trino sea más difícil. No lo practico con mucha frecuencia– quiero decir que es *ridículo*." Aunque Kirk realizó la demostración en la 3ª posición, por consideración a vuestros dedos la he transcrito para la 7ª posición. Una vez lo domines puedes intentar tocar este ejercicio desplazándolo un traste cada vez hacia la 1ª posición. Verás como este ejercicio refuerza tu mano izquierda y hace que las extensiones muy amplias de los dedos sean más fáciles; todo lo que necesitas es paciencia y perseverancia. Debes ser *extremadamente cuidadoso* cuando toques esta figura–no te arriesgues a sufrir lesiones por forzarte demasiado, y no lo intentes nunca a menos que hayas realizado un buen calentamiento de la mano izquierda. Además, tal como Kirk se apresuró en apuntar, debes practicar este ejercicio en cada una de las cuerdas. Procura no aplicar el bend al que ya he aludido antes.

Kirk cerró la lección tocando cinco figuras y licks que demuestran de manera práctica los beneficios del desarrollo y de la "ampliabilidad" de la mano izquierda. La Figura es similar a algo del solo de "... And Something For All," y utiliza las escalas de Mi dórica (E, F#, G, A, B, C#, D) y de Mi menor de blues (E, G, A, Bb, B, D). (Nota: El solo en cuestión está realmente en F#menor), pero Kirk lo ha tocado en Mi menor). La Figura 9 también está en Mi menor. Este ejercicio obliga al intérprete a utilizar un alcance muy amplio (del traste 12 al 17) en las cuerdas 1ª, 2ª, 3ª, 4ª y 5ª.

FIGURA 8

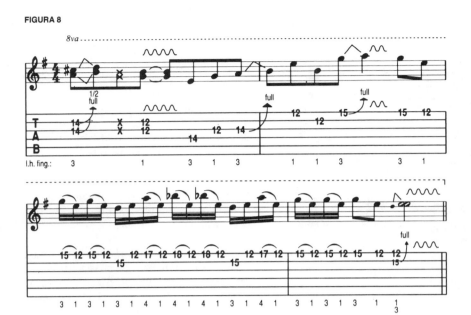

"Éste está basado en un lick que toco en mi larga introducción de 'My Friend Of Misery' [*Metallica*]," observa Kirk mientras toca la Figura 10, una cancioncita en la escala de blues en Fa# menor (F#, A, B, C, C#, E). "Cada vez que oigo este solo me recuerda a alguien vomitando. A continuación sigue un lick melódico en Mi menor con influencias de Hendrix [*Figura 11*] similar al que hago al final de 'Enter Sandman' [*Metallica*], aunque casi no puede oírse debido a la bajada del volumen."

"Esta figura final [*Figura 12*] es algo que hace un par de años que tengo, pero aún no he conseguido colocarlo en ningún álbum," comenta Kirk sonriendo. "Es algo parecido a un arpeggio con algunas omisiones de cuerdas y muchos martilleos y estiramientos con el dedo meñique." Para hacerlo más fácil he indicado los acordes de los diferentes arpeggios sobre la figura. Podrá observar que no he indicado ningún tono en concreto para esta frase. Puedes tocarla a partir de un acorde de Mi5.

FIGURA 9

FIGURA 10

FIGURA 11

FIGURA 12

Apaga el fuego con fuego

Kirk Hammet demuestra las sofisticadas técnicas con las que contrarresta el poder de su compañero en el thrash, James Hetfield.

POR WOLF MARSHALL

KIRK HAMMETT, UNO de los guitarristas más convincentes del thrash, dispone de un estilo ecléctico y reconocible al instante que es el producto de toda una serie de influencias. La receta de guitarra a la Kirk incluye algunos bocados de blues-rock de Hendrix, Page, Clapton y Beck, un pellizco de Joe Perry y Pat Travers y una buena cantidad de Eurometal a través de Michael Schenker, Uli Roth y Randy Rhoads. Añade a esta mezcla una buena base técnica y una visión teórica del maestro Satriani, y empezarás a tener una idea de lo que es Kirk.

Pero más allá de los ingredientes y de la experiencia, ahí está el fenómeno de Hammett–que lo fusiona todo en el contexto de Metallica, una de las bandas musicalmente más sofisticadas e impredecibles dentro del complejo mundo del speed metal. ¿Qué hace él? ¿Cómo lo hace? Éstas son las verdaderas preguntas que Kirk y yo nos propusimos contestar.

James Hetfield, refiriéndose a los diabólicos giros armónicos de la música de Metallica, hizo broma de la condición de solista de su compañero, "Algunas veces, con los acordes que le tiro, no sabe qué tocar–pero ¿quién lo sabría? Tiene que crear nuevas escalas–u olvidar las viejas." Kirk es realmente el hombre adecuado para esta situación–creando líneas de solo interesantes y llenas de significado para complementar las extrañas y disonantes progresiones de acordes de James. La Figura 1 muestra un buen ejemplo, que es parte de lo que Kirk toca en el solo de la versión en vivo de "Ride The Lightning."

A medida que James va desglosando la progresión de acordes cromáticamente descendente, Do5-Si5-Sib5-La5, la melodía de Kirk adquiere una vida propia. El solo y los acordes son independientes el uno del otro, aunque se interrelacionan–la esencia de la interacción melódica/armó-

FOTO A

FOTO B

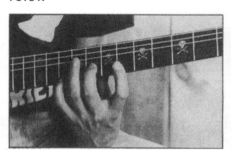

FOTO C

FOTO D

FOTO E

FOTO F

nica. Esto funciona de la siguiente manera: A medida que James toca los acordes, Kirk toca una serie de arpeggios en tríadas (indicados entre paréntesis) a un ritmo regular de semicorchea empleando un principio de *tono común* muy conocido por los guitarristas de jazz. Los tonos comunes se encuentran en la segunda semicorchea de cada tiempo (la tercera de cada tríada) y se corresponden con las

notas fundamentales de los acordes subyacentes. Por ejemplo, en el primer compás Kirk toca un arpeggio de La menor (A, C, E) sobre el acorde de Mi5 de James (C, G). El tono común en este caso es C. Observa que utiliza la misma posición sobre el mástil que para los arpeggios de Lam, Solm y Fa#m (Fotografías A y C). " El patrón sigue a los acordes con arpeggios–creo que saqué lo de Sol ma-

FIGURA 1

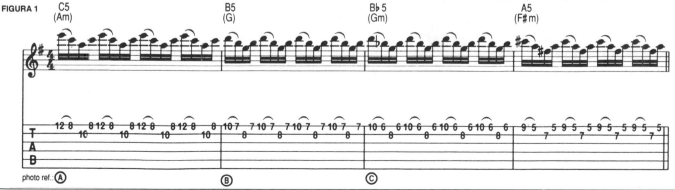

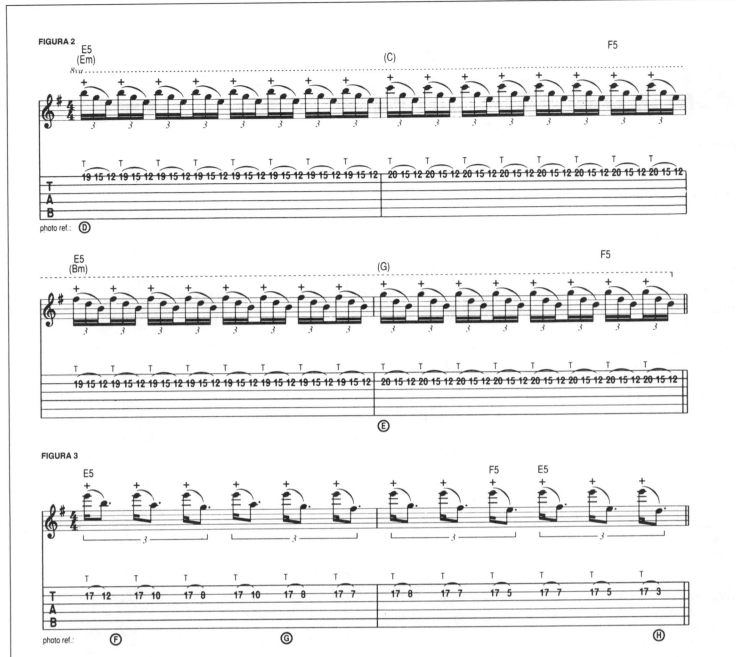

FIGURA 2

FIGURA 3

photo ref.: (D)

(E)

photo ref.: (F)   (G)   (H)

yor por casualidad. Yo toco todo el lick en las cuerdas 1ª y 2ª y utilizo básicamente la pulsación hacia abajo."

La Figura 2, basada en un lick del solo de Kirk en "One," permite verle en un solo sobre los cambios Mi5-Fa5 de James (progresión Mim frigia) con una secuencia de taps de dos manos. Observa las tríadas especificadas: Mi menor, Do mayor, Si menor (no propio del modo Mi frigio) y Sol mayor. (Randy Rhoads utilizó una secuencia de arpeggio similar en su solo de "Crazy Train.")

La técnica de tapping de Kirk es algo diferente de la técnica básica de Van Halen que utilizan la mayoría de guitarristas metal. "Yo utilizo el dedo corazón, no el primer dedo, y lo retiro de la cuerda después de golpearla–abajo hacia el suelo en lugar de hacia arriba. Además, dejo mi mano derecha sobre las cuerdas, apagándolas con la parte inferior de la palma mientras aplico el tap." Observa que Kirk coge la púa de manera estándar durante el tap (fotografías D-H).

FOTO G

FOTO H

FOTO I

FOTO J

LECCIÓN DE HAMMET

FIGURA 4

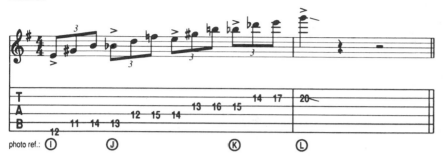

photo ref.: Ⓘ   Ⓙ   Ⓚ   Ⓛ

FOTO K

FOTO L

FOTO M

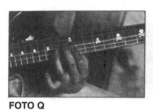

FOTO N

FOTO O

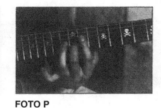

FOTO P

FOTO Q

FOTO R

FOTO S

FIGURA 5

photo ref.: Ⓜ   Ⓝ   Ⓞ   Ⓟ

FIGURA 6

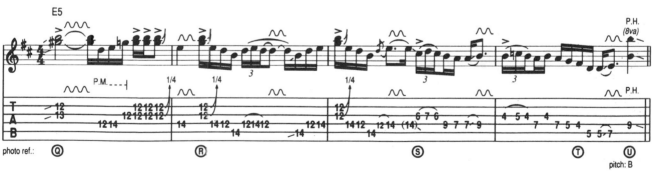

photo ref.: Ⓠ   Ⓡ   Ⓢ   Ⓣ   Ⓤ

Kirk nos ofreció una variación de tap que también es muy efectiva sobre la misma progresión Mi5-Fa5 (Fig. 3). Si se toca íntegramente en la 2ª cuerda, este lick implica la utilización de un *tono pedal* (la nota Mi aguda). Igual que en el ejemplo anterior, Kirk se desvía ligeramente de la modalidad normal de acompañamiento, utilizando un Fa# en lugar de un Fa natural. Pero esto es la polimodalidad, una característica del sonido de Metallica.

Kirk es muy aficionado a utilizar líneas de escala/intervalo "ajenas" en sus improvisaciones. La Figura 4 es un ejemplo perfecto de un patrón de digitación salvaje: Kirk crea una impresión atonal combinando arpeggios no relacionados de manera momentánea (Mi mayor, Sib mayor y Sib disminuido) en una secuencia ascendente. Este lick es similar al que aparece en el solo de Kirk de "The Shortest Straw." Observa las posiciones simétricas sobre el mástil en todo el lick (Fotografías I-L). "En realidad lo aprendí de George Lynch," confiesa Kirk con una sonrisa. "Pero no se lo digáis, ya que vendrá a verme para reclamarme dinero." Kirk no debe preocuparse por ninguna causa legal con Lynch, ya que este patrón apareció en el ejemplo 27 del método de jazz de Oliver Nelson *Patterns for Saxophone*, publicado en 1966.

La Figura 5 es una ligera variación de Kirk. De manera muy similar a una frase de "The God That Failed," el lick parece un zumbido producido por un sitar, lo que consigue mediante la alternancia de las notas de la 1ª cuerda al aire y las notas de la 2ª cuerda sobre el mástil. "La influencia original es de 'Paint It Black' [*de los Rolling Stones*]," observa Kirk. "Contiene un Re#,

FOTO T   **FOTO U**   **FOTO V**

FOTO W   **FOTO X**   **FOTO Y**

por lo que yo lo oigo como si estuviera en Mi armónico menor [E-F#-G-A-B-C-D#]. Utilizo sólo el dedo corazón para toda la frase, deslizándolo arriba y abajo por el mástil [*Fotografías M-P*]. Creo que esto da una mayor continuidad a la frase. La pulsación es siempre hacia abajo en la 2ª cuerda y hacia arriba en la 1ª."

La mezcla de modos en una línea es una de las cosas características de Kirk. Los licks de la Figura 6, basados en su solo de "Sad But True," son prácticamente un ejemplo de libro en este aspecto. Aquí, Hammett combina el Mi mayor con varios sonidos modales (Mi menor pentatónico, Mi dórico y Mi eólico) en una frase muy intensa. "Me encanta la oscilación que oigo cuando desplazo las terceras menores hacia arriba [*fotografía Q*]. Al pasar después al blues y a las escalas pentatónicos se crea un contraste muy interesante. Esta parte tiene algo de Tony Iommi o de Clapton. Empiezo a mezclar los modos en la sección descendente y termino con un armónico pellizcado. Para mí, todo el conjunto suena como una frase completa."

"Algo nuevo en lo que he estado trabajando últimamente son los intervalos amplios [*cuartas perfectas*] dentro de las posiciones pentatónicas estándar. Es parecido a lo que hago en 'Don't Tread On Me' [lo demuestra. *Fig. 7*]. Podría funcionar sobre un Mi5 o un Fa5–*sugiere* un Mi menor– pero es lo que utilizaría sobre un corte en el que sólo quedara la batería. Este patrón es parecido a los tresillos de Jimmy Page, pero yo utilizo unos intervalos más amplios [*fotografías V-Y*]. Ésta es mi idea. Es un lick extraño–sólo puedo tocarlo muy deprisa. Si lo toco lentamente suena a mil demonios debido a todas las notas unísonas. Yo necesito sentir el flujo del ritmo." Esto no es nunca un problema en Metallica.

Wolf Marshall, el "decano de los educadores de guitarra rock," ha escrito una serie de transcripciones de álbumes innovadores para Hal Leonard Publishing. Además de su trabajo educativo, la columna de Wolf, "Rock Basics," aparece cada dos meses en Guitar World.

Bob Leafe

FIGURA 7

UNA LECCIÓN CON JAMES HETFIELD

La Locura del Riffer

Los cómos y porqués de los riffs más duros nunca vistos.

POR WOLF MARSHALL

EL TITÁN DEL THRASH Hetfield es la fuerza guitarrera que se esconde detrás del potente trueno de la banda de metal quintaesencial actual, Metallica. Alimentado con una severa dieta a base de Black Sabbath, Ted Nuggent, Aerosmith, Thin Lizzy y AC/DC, está obsesionado por el ritmo y tiene una norma que no olvida nunca, "si no tienes un riff, no tienes una canción." En base a esto, James ha sido el responsable de algunos de los ritmos del metal moderno más trascendentales e influyentes. Dedicado a la tarea de poner el toque final al que pronto será el quinto álbum de Metallica en el estudio One-On-One de L.A., se permitió unos momentos para explicarnos su inimitable concepción de la interpretación del ritmo y de la creación de riffs–y lo que se tarda en destruir a la audiencia con unos "power chords".

James empezó con una intensa figura galopante, que ilustra muchas de sus características técnicas rítmicas (Fig. 1). Este riff sólido y propulsivo está basado en el típico ritmo de "speed metal"

"Aunque toco muchos ritmos utilizando la pulsación hacia abajo," explica James, "en este tipo de partes utilizo la pulsación alterna; a esta velocidad casi que no queda alternativa. Yo sujeto la púa de una manera que puede parecer un tanto extraña–con tres dedos [*pulgar, índice y corazón: fotografías A y B*]. Yo siempre he escrito de esta manera–sujetando el bolígrafo con tres dedos; creo que es debido a esto. Me da más potencia–no puedo hacerlo de otra manera–y la púa es algo más flexible. Yo creo que al ser la púa más flexible sobre las cuerdas hace que todo suene más 'fino'. algunas partes de mis dedos golpean las cuerdas [*con lo que se añaden una textura y un sonido adicionales*]. Tengo un callo enorme de tanto rozar las cuerdas. Mi uña tampoco crece correctamente, especialmente mientras estamos de gira," comenta sonriendo. "Aplico mucho apagado con la palma de la mano derecha y con los dedos o el pulgar de la mano izquierda." [*Fotografía D*]

Otro aspecto de esta figura, y de la música de Metallica y del speed metal en general, es su inconfundible movimiento armónico: la relación tritónica estilística de Sib5 con Mi (el intervalo de quinta bemol)–el infame "Diabolus in Musica" de la Edad Media. "Yo no sé si esto es medieval," mascula Hetfield, "pero es decidida men-

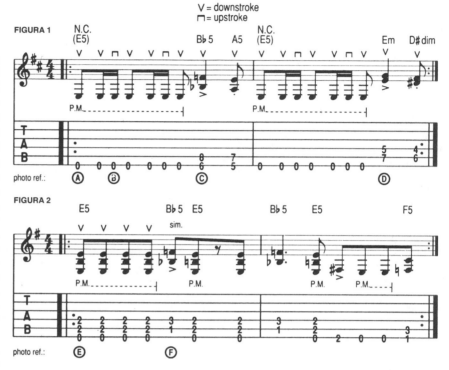

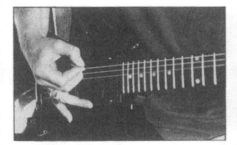

FOTO A

FOTO B

FOTO C

FOTO D

FOTO E

FOTO F

te diabólico. Antes te colgaban por hacer cosas así. Sabbath fue una de mis primeras influencias, y estos sonidos eran lo más diabólicas que oía en sus canciones. [*Toca el riff principal de "Black Sabbath."*] Estas notas, estos acordes–los sonidos más oscuros, supongo–tienen su origen en Sabbath, y siguen estando conmigo."

Observa también la utilización por parte de Hetfield del *cromaticismo* en esta figura: díadas de Sib5 a La5 y de Mim a Re#. Éste también es un elemento que se encuentra con frecuencia en el thrash.

La Figura 2 es un ejemplo perfecto de las digitaciones de acordes efectivas–aunque no ortodoxas–para tocar el hyperspeed metal actual de manera eficiente. James ha desarrollado interesantes estructuras de la mano izquierda·para facilitar el movimiento rápido y preciso al cambiar entre acordes. Para el cambio rápido entre Mi5 y Sib5, Hetfield utiliza dos formas que le permiten mantener su mano en la misma posición (primer traste) durante todo el riff (diagramas de la Fig. 3). Observa que en el acorde de Mi5 utiliza el 2º dedo para dos cuerdas, y que en el acorde de Sib5 utiliza el índice y el meñique. "Utilizo mucho estas dos posiciones," comenta Hetfield. "Es más fácil que desplazar la misma forma a diferentes posiciones. Este ejemplo combina la pulsación hacia abajo con el apagado con la palma." Aquí también puede apreciarse el tritono (Mi5 a Sib5) y el desplazamiento de un semitono (Mi5 a Fa5).

La Figura 4, que es similar al riff de Hetfield en "The Shortest Straw," incorpora pulsaciones hacia abajo sucesivas, pulsación alterna, desplazamiento de un semitono, apagado con la palma, notas sueltas (compás 1) y acordes. La sección con las notas sueltas incluye deslizamientos y bending (Fotografía G). "Yo imagino estas líneas como si fueran de bajo–algo que puedes tocar junto con el bajo. Originalmente este riff estaba en Re; afiné la guitarra un tono más grave. Podía aplicar bend a las cuerdas con una mayor facilidad, pero sonaba muy pastoso, por lo que lo trasladé a Mi."

El riff de la Figura 5 sigue una línea similar. El modo Mi frigio de la melodía (E-F-G-A-B-C-D) en los dos primeros compases da una calidad algo española. Observa el trino ("Esto es de Tony Iommi"), los deslizamientos y el vibrato en esta parte de la figura. Los acordes cromáticos ascendentes (A5-A#5-B5-C5) de la cadencia final son característicos de Metallica. "Cuando observas algunas de las melodías metal más usuales te preguntas '¿Para qué son necesarios los trastes?' De la manera que yo lo veo, tienes que utilizar parte de toda esta mierda," comenta James riendo. "De todas maneras, me gusta el movimiento en semitonos–puede construir una parte o desmantelarla. Siempre está ahí."

Nuestro ejemplo final (Fig. 6) está rela-

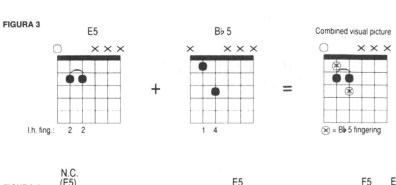

FIGURA 3

FIGURA 4

FIGURA 5

FOTO G

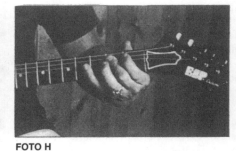

FOTO H

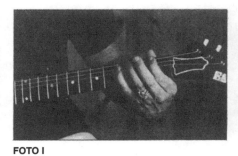

FOTO I

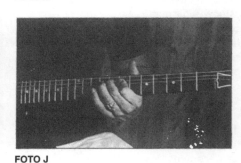

FOTO J

FOTO K

FOTO L

UNA LECCIÓN CON JAMES HETFIELD

cionado con la eficacia de la digitación que ya hemos comentado en las Figuras 2 y 3. Aquí, una clásica progresión de acordes de rock, Mi5 a Sol5, está sujeta al principio de economía de movimientos de James. Para el acorde de Mi5 utiliza el primer dedo para dos cuerdas, y para Sol5 utiliza sólo los dedos corazón y meñique (diagramas de la Figura 7 y las Fotografías P y Q). Esta digitación permite una colocación fija en la 2ª posición para ambos acordes–una gran ventaja cuando se trabaja a la increíble velocidad del speed metal. Aunque este movimiento requiere una buena flexibilidad de la mano izquierda y una buena dosis de fuerza en el dedo meñique, el esfuerzo vale la pena.

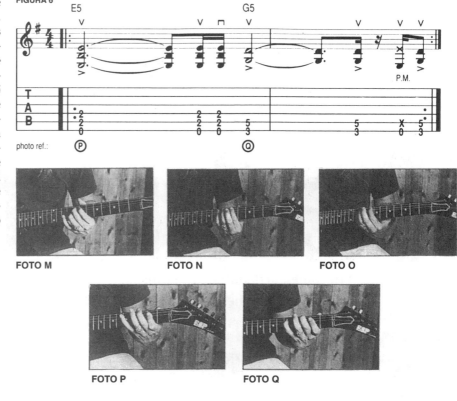

FIGURA 6

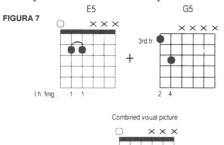

FIGURA 7

FOTO M

FOTO N

FOTO O

FOTO P

FOTO Q

Bob Leafe

35

CÓMO TOCAR ROCK

Cuestiones de Fe

Eric Johnson demuestra su santísima trinidad de técnicas mortales—
omisión de cuerdas, cambio de posición y pulsación cruzada

POR WOLF MARSHALL

CUANDO NOS creíamos que ya lo habíamos visto todo en los 80, con sus estrellas de técnica magistral–Rhoads, Malmsteen, Gilbert, Vai y Satriani–apareció Eric Johnson. Con un enfoque nuevo y atractivo, una técnica envidiable, un arco iris de colores Stratocaster y un fuerte sentido de lo ecléctico, nos ofreció un estilo alternativo muy personal que combinaba toda la gama expresiva de la guitarra. Para este número especial de técnica de guitarra Eric nos ofreció dos ejercicios originales diseñados no sólo para flexibilizar la mano, sino también para ampliar la mente. Estos ejercicios también ejemplifican dos facetas únicas de su estilo–*omisión de cuerdas* y *cambio de posición*.

OMISIÓN DE CUERDAS

La Figura 1 es un *ostinato motif* (una idea relativamente corta y repetida) en la 8ª posición que demuestra la facilidad que tiene Johnson para la omisión de cuerdas. Toca la mayoría de notas en las cuerdas 1ª y 2ª, saltando de la 2ª cuerda a la 4ª y otra vez a la 2ª para las notas Do graves (Fotografías 1B y 1D). Esta maniobra requiere una buena técnica de *pulsación cruzada*, que es uno de los puntos fuertes de Eric. Observa, no obstante, la manera en que estira algunas de las notas en la 1ª cuerda. Con ello reduce algo la carga en la mano de la pulsación y puede tocar el lick a una velocidad vertiginosa.

Esta frase también revela el enfoque pragmático de Eric de la digitación con la mano izquierda (que aparece bajo la

FOTO 1A

FOTO 2A

FOTO 1B

FOTO 2B

FOTO 1C

FOTO 2C

FOTO 1D

FOTO 2D

FIGURA 1   Ostinato de Intervalos con Omisión de Cuerdas

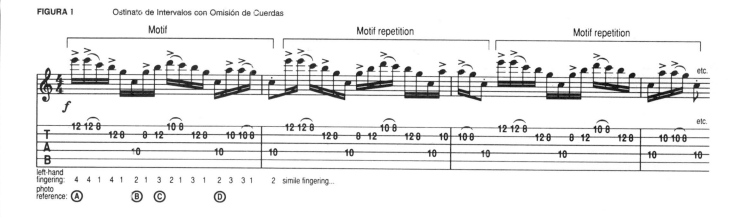

FIGURA 2   Conexiones Pentatónicas en Re menor

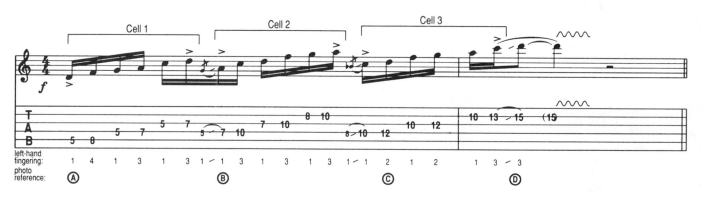

tablatura). Observa la manera en que utiliza el 4º dedo para tocar la primera nota Si (2ª cuerda/traste 12), para cambiar al *tercer* dedo para la segunda nota Si (Fotografías 1A y 1C).

La naturaleza ostinato de este ejemplo (su patrón repetido) hace de él un estudio ideal para adquirir sutileza y un sólido sentido del ritmo. La duración de cuatro tiempos y medio de cada motivo (mostrado entre corchetes) crea un efecto de desplazamiento rítmico muy interesante al mover el inicio de cada repetición medio tiempo hacia adelante. Aunque es muy bueno y completo como un puro ejercicio físico, Eric resalta la importancia de sus implicaciones armónicas. Todas las notas están contenidas dentro de la escala de Do mayor (C-D-E-F-G-A-B), por lo que "funciona" al tocarlo sobre cualquiera de los acordes diatónicos en el tono de Do mayor (Do, Rem, Mim, Fa, Sol, Lam, Sidis). Para apreciar totalmente la idea, intenta tocar el patrón ostinato mientras otro guitarrista toca estos acordes

CAMBIO DE POSICIÓN

La Figura 2 es un ejemplo del tipo de movimiento de escala pentatónica por el que es famoso Eric. Aquí, una serie de "células" pentatónicas (cuatro posiciones, cada una con seis notas: cinco notas de escala más una repetición de octava) forma un patrón de desplazamiento y movimiento continuo. Observa la utilización de los *deslizamientos de dedo*. Al conectar las células hay que buscar básicamente la suavidad. Puedes practicar cada una de ellas por separado y de manera lenta y precisa antes de intentar tocar toda la línea entera a la vertiginosa velocidad de Eric. Aquí también las consideraciones rítmicas son importantes–acentúa la primera y última notas de cada célula para reforzar la llegada a y la partida desde cada posición. Es importante observar el ritmo constante de semicorchea para mantener la fluidez johnsoniana–las conexiones entre posiciones deben realizarse sin ningún ruido de las cuerdas, sin ninguna interrupción del ritmo (el ritmo debe ser constan-

te a lo largo de toda la línea) y los desplazamientos de la mano deben ser prácticamente imperceptibles (Fotografías 2A-2D).

El estilo de Eric Johnson incorpora un equilibrio poco habitual entre musicalidad y técnica. Ha asimilado los aspectos técnicos de la interpretación en la guitarra hasta el punto de la pura maestría musical. El suyo es un reino en el que la velocidad y la destreza sólo sirven parta expresar la claridad y la profundidad de sus ideas musicales–sin ningún compromiso o intrusión en el sentimiento, el tono o la melodía. A medida que ataques estos ejercicios, piensa musicalmente y pon mucha atención a la articulación precisa con convicción. Relájate a medida que aumentes la velocidad y que se desarrollen tus toques–aquí está la clave para la fluidez. Por último, intenta emular la precisión de los detalles de Eric–escucha cada una de las notas que toques y sé sensible a su tono, dinámica y posición rítmica. Tu técnica debe mejorar más allá del reconocimiento y junto a tus orejas y tu corazón.

Eric Johnson- Lección de Guitarra

POR WOLF MARSHALL

ERIC JOHNSON HA estado maravillando a la comunidad guitarrística durante una década larga. Sus seguidores y admiradores incluyen la *crème de la crème*–Steve Morse, Allan Holdsworth, Larry Carlton y Jeff "Skunk" Baxter, por citar sólo a algunos. Johnson es un músico consumado–un verdadero artista de la fusión que combina con un gusto exquisito desde rock, blues y pop sofisticado a jazz, country y música electrónica. Para cual-

quiera que haya tenido la experiencia del magistral debut en solitario de Johnson en 1986 con *Tones* (Reprise #9-25375) o de su siguiente disco, *Ah Via Musicom* (Capitol #7-90517-2), esto es un hecho evidente.

Nacido en Austin, Texas, el 17 de agosto de 1954, Johnson estudió piano durante seis años antes de, a los 11 años, decidir tocar la guitarra. El joven Eric tuvo toda una serie de influencias durante su juventud–The Ventures, Wes Montgomery,

Jimi Hendrix y Django Reinhardt (todos los cuales aparecen en nuevas formas híbridas dentro de su estilo ecléctico)–y pasó a ser un semiprofesional a los 15 años cuando se unió a la banda de rock progresivo Mariani. Cuando aún no tenía 20 años todos hablaban de Eric, cautivando a los gigantes locales Johnny Winter y Stevie Ray Vaughan.

A mediados de los 70 Eric grabó con los Electromagnets (la primera banda de fusión importante de Austin), y consiguió una cierta fama regional antes de principios de los 80–fama que se amplió gracias a sus apariciones en sesiones con Christopher Cross, Cat Stevens y Carole King. Antes de grabar *Tones*, realizó una aparición muy prometedora en el álbum *Stand Up* de Steve Morse de 1985 como intérprete invitado, coescribiendo, cantando y realizando un solo en el tema "Distant Star." También es notable su versión en vivo de "Cliffs Of Dover," grabada en el show *Austin City Limits* de 1985.

FIGURA 1

FOTO 1A

FOTO 1B

FOTO 1C

FOTO 1D

FOTO 1E

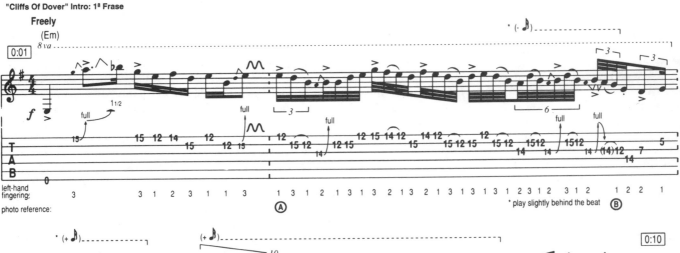

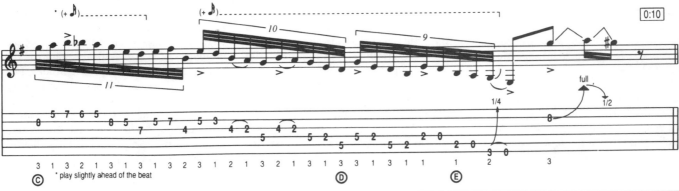

38

FIGURA 2

FIGURA 2

FIGURA 2A

FOTO 2A

FOTO 2B

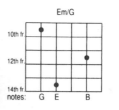

Em/G

Am

10th fr.
12th fr.
14th fr.
notes: G E B   A E C

"Cliffs Of Dover" Intro: 2ª frase

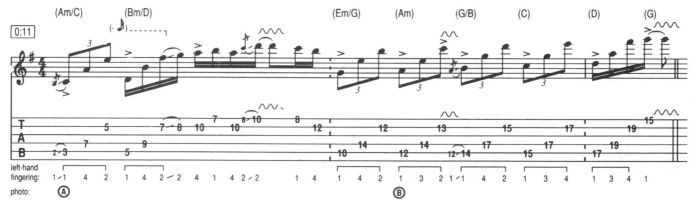

(Am/C) (Bm/D) (Em/G) (Am) (G/B) (C) (D) (G)

FIGURA 3
"Cliffs Of Dover" Intro: 3ª frase

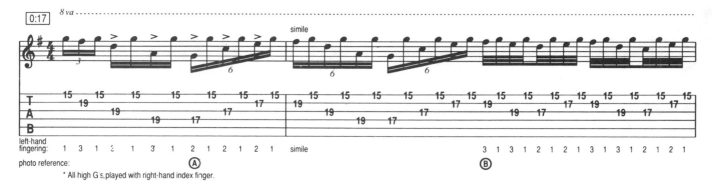

* All high G´s,played with right-hand index finger.

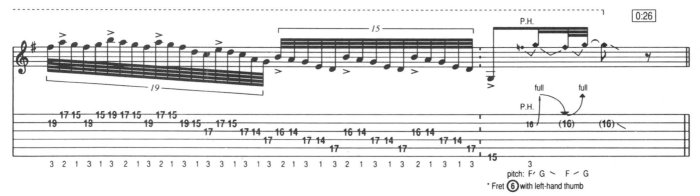

pitch: F⌣ G ⌣ F ⌢ G
* Fret ⑥ with left-hand thumb

FOTO 3A

FOTO 3B

Eric Johnson

FIGURA 4

FOTO 4A

FOTO 4B

FOTO 4C

FOTO 4D

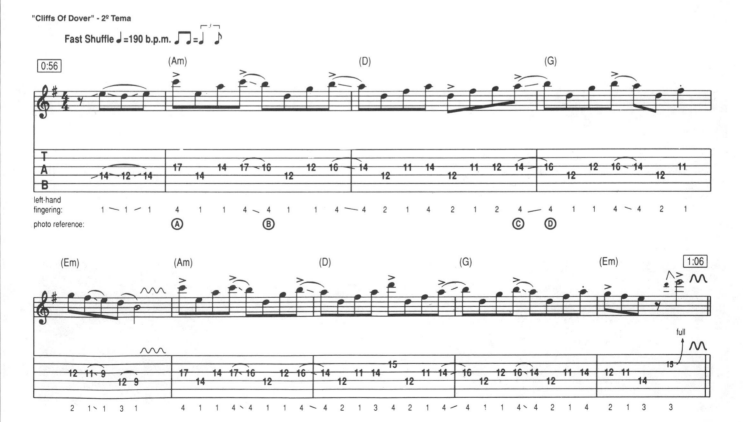

ERIC JOHNSON

FIGURA 5

FOTO 5A

FOTO 5B

FOTO 5C

FOTO 5D

FOTO 5E

FOTO 5F

FOTO 5G

FOTO 5H

FOTO 5I

FOTO 5J

FOTO 5K

FOTO 5L

FOTO 5M

FOTO 5N

FOTO 5O

FOTO 5P

FOTO 5Q

FOTO 5R

FIGURA 5 (Continuación)
"Desert Rose": Solo de Guitarra

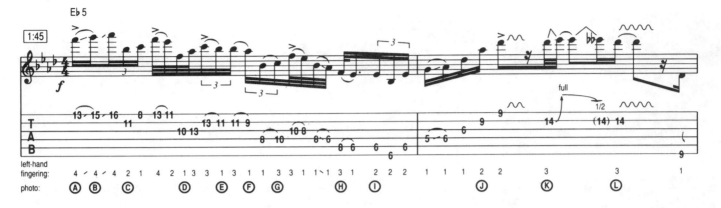

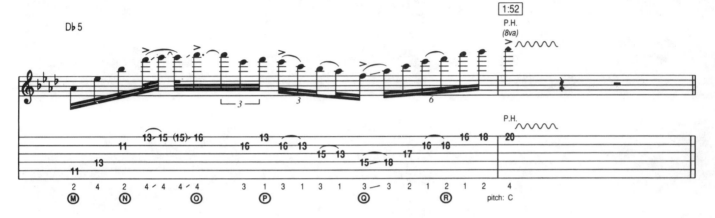

Mientras Eric se encontraba en la ciudad para grabar *The Tonight Show* nos encontramos en las oficinas del famoso Capitol Building de Hollywood. Un tipo amable, sincero y genuinamente dedicado pasó por delante de todas las lentes del "microscopio" de *Guitar School* para revelar y diseccionar algunos detalles íntimos y fascinantes de su personal visión de la técnica guitarrística, ofreciendo una gran dosis de sapiencia musical durante todo el proceso.

La introducción de "Cliffs Of Dover" (Fig. 1) se ha convertido en el lick por excelencia de Eric Johnson. Aquí encontramos su utilización particular de la melodía en escala pentatónica (escala pentatónica de Mi menor: E-G-A-B-D), organizada para que fluya sin fisuras sobre el mástil. En estos perfiles él suele añadir la 2ª/9ª mayor (F#) para crear una línea de seis notas o *hexatónica* (E-F#-G-A-B-D)–un rasgo estilístico familiar. "Yo empiezo en la posición pentatónica 12 [*Fotografías 1A y 1B*] y voy descendiendo por el mástil adoptando otras posturas [*Fotografías 1C-E*]," explica Eric. "Soy consciente del tono de las cuerdas durante todo el rato–yo creo que esto crea una diferencia real en cuanto a la manera de conectar las diferentes posturas."

Observa la manera en que Eric introduce la nota "blues" 5ª disminuida (Sib) y la 2ª mayor (F#) en la postura de la 5ª posición (Fotografía 1C), volviendo al modo pentatónico puro al final del lick (Fotografías 1D y 1E).

Eric una vez comentó que buscaba el brillo del violín en la guitarra eléctrica. Las dos frases siguientes de la introducción de "Cliffs Of Dover" (Figs. 2 y 3) demuestran el éxito de esta búsqueda. En la segunda frase (Fig. 2) Johnson perfila una serie de tríadas utilizando *arpeggios abiertos*. Esto proporciona un movimiento melódico y armónico simultáneos y recuerda a muchas sonatas de solo de violín (especialmente a las de Johann Sebastian Bach).

Observa la utilización de *tonos comunes* (Mi en las posiciones de Mim/Sol y de Do) y de los *arpeggios de 1ª inversión* (arpeggios con la 3ª como nota grave). Estos dos recursos permiten crear un *cambio de voz* suave entre acordes. "Para esta parte utilizo las posiciones de acordes en las cuerdas 5ª, 4ª y 2ª," continúa Johnson, "empezando en la 3ª posición [*Fotografía 2A*] y subiendo hasta el traste 17. La agrupación de cuerdas es consistente, aunque algunas veces varío ligeramente las notas cuando toco en directo."

La Fotografía 2B muestra la digitación

para los arpeggios en posición fundamental en comparación con el alcance más amplio de los arpeggios menores de 1ª inversión (Fotografía 2A). La Figura 2A muestra las posturas para Mim/Sol y Lam sobre el mástil.

La siguiente frase (Fig. 3) demuestra la utilización que Johnson hace de otro recurso de violín tipo Bach conocido como *tono pedal*. Un tono pedal es como una "nota fija" con otras notas a su alrededor (normalmente la siguiente más grave o más aguda). En este caso, la nota Sol aguda (1ª cuerda/traste 15) funciona como el tono pedal, ya que se alterna de manera rápida con notas más graves que perfilan tríadas de Re mayor (D-F#-A) y de Do mayor (C-E-G) en las cuerdas 2ª, 3ª y 4ª (Fotografía 3A). "Para esta línea utilizo la púa y el dedo corazón [*Fotografía 3B*]," comenta Johnson. "El dedo pulsa las notas Sol agudas y la púa toca las notas más graves. Yo creo que esto es algo 'tipo Beck'– ya sabes que Beck solía tocar mucho de esta manera."

La bien conocida anécdota de que Eric distingue las diferentes marcas de pilas con su pedal wah-wah, ha pasado a ser una de las anécdotas más contadas de la historia del rock. Podéis estar seguros de que Eric oye estas cosas y muchas más. Él aplica esta misma intransigencia a su interpretación para determinar qué nota debe tocar en qué cuerda, en qué posición y con qué dedo–un problema que ha sido idiosincrásico a la naturaleza física de la guitarra desde su concepción. El segundo tema de "Cliffs Of Dover" (Fig. 4) es un claro ejemplo. Este pasaje revela la predilección de Eric por los deslizamientos del dedo meñique al conectar los arpeggios de Lam, Sol y Re en las cuerdas 3ª y 4ª (Fotografías 4A-D).

Es evidente que estos ligados podrían tocarse con el dedo anular más fuerte, pero tal como Eric se apresura a comentar, "no tiene la misma vibración. Es algo sutil y un poco loco el hecho de decir 'este tipo de pila' o 'este tipo de cable' o 'esta digitación' o lo que sea. Cada una por separado estas cosas pueden parecer tonterías, pero todas juntas–es una cuestión exponencial–todo está formado por partes y piezas, incluso estos aspectos de la interpretación. Es decir, yo trabajo la digitación, pero no *pienso* la digitación. Simplemente la practico hasta que me parece correcta, suena conectada y el tono es correcto."

Eric lo combina todo en nuestro ejemplo final (Fig. 5), la devastadora línea al principio del solo de "Desert Rose." Observa los siguientes Johnsonismos:

1) deslizamientos del dedo meñique en los compases 1 y 3 (Fotografías 5A, 5B y 5O),

2) omisiones de cuerdas, cambios de posición y digitaciones no habituales en los compases 1 y 3 dentro de las escalas de Fa menor pentatónica (F-Ab-Bb-C-Eb) y hexatónica (F-G-Ab-Bb-C-Eb) (Fotografías 5C-G y 5O-R),

3) amplios intervalos en los compases 2 y 3,

4) 4ªs perfectas utilizadas para implicar un sonido de Mib7 (Fotografías 5I y 5J), y

5) 5ªs perfectas "apiladas" utilizadas para perfilar un acorde quintal (Fotografías 5M-O).

Los muchos movimientos definitivos y a la vez sutiles de este breve pasaje requieren nada menos que 18 fotografías para poder representar de manera adecuada el movimiento físico y la progresión de los eventos.

Más allá de la complejidad de la técnica de Eric, uno debe tener en cuenta su prioridad musical general–*tono*. La consecución del mejor tono posible de la guitarra, el amplificador, los efectos y de sus mismas manos es su obsesión y pasión, y aparece en todo lo que produce.

Parece inevitable que actualmente la música de guitarra, y especialmente de guitarra eléctrica, esté sufriendo una revolución; que se refine hasta niveles hasta ahora impensables, con cada artista jugando un papel importante dentro de esta ecuación. Eric Johnson es un factor importante dentro de esta ecuación–personificando un legado para el futuro de paciente perfeccionismo, experimentación inteligente y devoción al arte y técnica de la música moderna

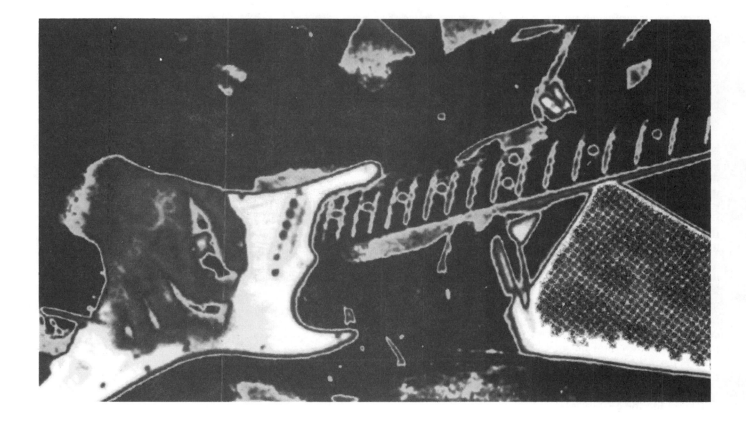

UNA LECCIÓN CON JAKE E. LEE

Método del pulgar

Jake E. Lee de Badlands utiliza los diez dedos para crear su inconfundible rugido

POR NICK BOWCOTT

JAKE E. LEE cree que no hay nada peor que un enfoque predecible o formal al arte de la guitarra rítmica. "Yo estoy sorprendido por el hecho de que mucha gente no piensa así, " comenta. "Al fin y al cabo, te pasas la mayor parte del tiempo sobre un escenario tocando ritmos."

Jake utiliza acordes muy agradables al oído y voces para acelerar su interpretación del ritmo, consiguiendo acordes que suenan mucho más amplios que la díada normal de nota fundamental/quinta. Los primeros cuatro compases del estribillo de "Last Time" (*Voodoo Highway*) ilustran muy bien esta idea (Fig. 1). Los tres primeros acordes (La5, Sol5, La5) utilizan todos la posición de acorde ortodoxa que aparece en la Fotografía A. A continuación interrumpe la progresión con un largo deslizamiento sobre las seis cuerdas al final del compás 1, seguido por un relleno de notas sueltas en el segundo compás. En el compás 3 Jake toca una inversión de Fasus2 (Fotografía B), un inesperado tratamiento aural que lleva el riff a una nueva dimensión.

Los dos acordes finales (Fa5 y Sol 5) son lo que yo llamo "díadas ampliadas" (Fotografías C y D). Jake utiliza aquí unas digitaciones muy amplias de la mano izquierda para crear díadas en dos octavas, y con ello un sonido completo y rico.

Hablando de rellenos, las Figuras 2 y 3 ilustran el estallido pentatónico en La menor (A-C-D-E-G) simple pero efectivo que Jake utiliza para colorear los versos de "Last Time." Gracias a la utilización de la *pulsación doble*, ambas figuras parecen más complejas de lo que realmente son. Las Fotografías E y F muestran la posición de los dedos de la mano derecha de Jake mientras toca estos rellenos.

La Fotografía G muestra a Jake en la posición del acorde de Mim(add2) arpeggiado (Figura 4) que se oye al final de la introducción de "Silver Horses." Este pasaje de sencilla ejecución utiliza cuatro cuerdas al aire y concluye con un tap de la mano derecha (Fotografía I). Igual que la mayoría de intérpretes que realizan el tap con las dos manos, Jake coge la púa con la palma de la mano para liberar el dedo índice (Fotografía H).

Ahora pasaremos a uno de los trucos más extravagantes de Jake: su técnica de *utilización del pulgar*. Esta novedosa técnica implica la colocación del pulgar sobre

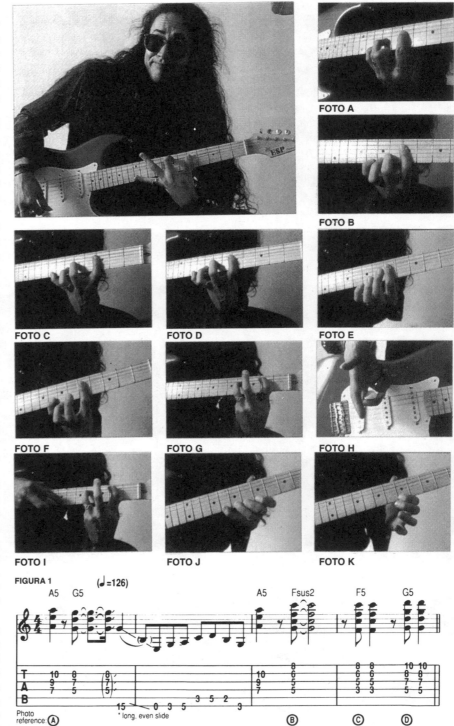

FOTO A

FOTO B

FOTO C

FOTO D

FOTO E

FOTO F

FOTO G

FOTO H

FOTO I

FOTO J

FOTO K

FIGURA 1

el mástil (Fotografías L-R)–pero no por la parte superior tal como se hace normalmente. Aunque es muy espectacular a la vista, esta técnica es algo más que un truco para impresionar. Utilizado de manera inteligente, permite efectuar maniobras en el mástil que algunas veces son imposibles de ejecutar de ninguna otra manera. Un ejemplo es el acorde imposible que Jake digita en la primera fotografía de esta clase.

Jake desarrolló este movimiento único mientras improvisaba con su compañero Warren DeMartini de Ratt. "Solíamos ton-

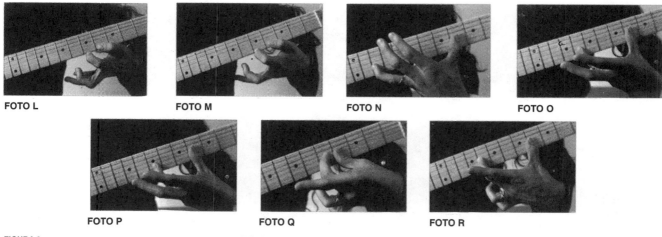

FOTO L FOTO M FOTO N FOTO O

FOTO P FOTO Q FOTO R

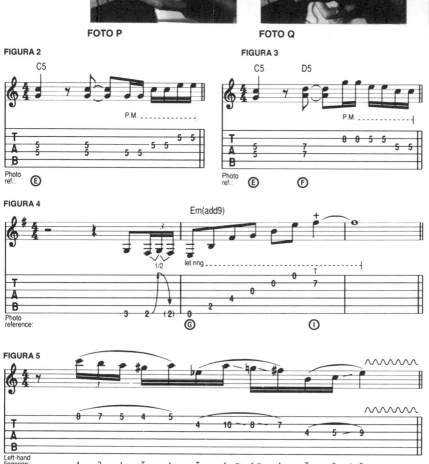

FIGURA 2

C5

P.M. - - - - - - - - - -

Photo
ref.: Ⓔ

FIGURA 3

C5 D5

P.M. - - - - - - - - - - -|

Photo
ref.: Ⓔ Ⓕ

FIGURA 4

Em(add9)

1/2 let ring -| T

Photo
reference: Ⓖ Ⓘ

FIGURA 5

Left-hand
fingering: 4 3 1 T 1 T 4 — 4 — 4 T 2 — 2
Photo
reference: Ⓙ Ⓚ Ⓛ Ⓜ Ⓝ Ⓞ Ⓟ Ⓠ Ⓡ

FIGURA 6

tear retándonos el uno al otro con licks difíciles," recuerda con una sonrisa. "Yo tengo las manos mucho más pequeñas que Warren, por lo que, como broma, utilizaba mi pulgar para poder tocar intervalos realmente amplios." Rápidamente se dio cuenta de las posibilidades de esta idea, y Jake transformó esta "broma" en una técnica, que pasó a ser una parte importante dentro de su solo en los conciertos con Ozzy Osbourne.

En la Figura 5 Jake nos guía a través de un lick que precisa del pulgar. Basada en una frase que Jake toca al principio de su solo en "Soul Stealer," esta frase sirve como introducción perfecta a la técnica. He incluido las digitaciones de la mano izquierda y las fotografías correspondientes (J-R) bajo la tablatura como ayuda. El pulgar (indicado mediante la letra T) se utiliza para tocar las notas Sol# (1ª cuerda/traste 4), Mib (2ª cuerda/traste 4) y Si grave (3ª cuerda/traste 4). Aunque Jake utiliza el dedo corazón para tocar las dos últimas notas (deslizamiento con el dedo), es posible que encuentres más sencillo utilizar el índice.

Jake concluyó esta clase con el pequeño pasaje (Fig. 6) Gary Mooriano que lleva su solo de "Last Time" a la hiperpotencia. Este riff en La menor empieza en modo dórico (A-B-C-D-E-F#-G) y pasa a la escala menor natural (A-B-C-D-E-F-G) en el compás final.

(♩=126)

8va

Mega Guitarras

Dave Mustaine y **Marty Friedman** de Megadeth cierran la boca, flexionan sus dedos y demuestran los trucos básicos de su imponente brujería thrash en esta clase exclusiva para Guitar World

POR CARLO SEKA

DAVE MUSTAINE DE MEGADETH es, como dicen en círculos educados, "muy franco." Sus opiniones acerca de todo desde Guns N' Roses ("los odio") hasta Queensrÿche ("Yuppie Metal") escandalizan y ofenden a aficionados a la música de todo el espectro del rock. Pero incluso los que no están de acuerdo con el controvertido Mr. Mustaine normalmente aceptan que él y su compañero metálico Marty Friedman están entre los más imaginativos e inteligentes guitarristas actuales.

Con esto en mente, Guitar World creyó que era hora de dejarse de tonterías e ir al grano. Nuestra misión era convencer a estos hombres de Megadeth para que hicieran lo que mejor hacen—tocar sus guitarras. Ambos respondieron con descarado entusiasmo.

"Cuando Marty toca un solo," explicó Mustaine, "lo toca con mucho amor. Cuando lo toco yo, lo toco con mucho odio." Aquí encontrarás un análisis detallado de la relación de amor/odio entre Mustaine y Friedman.

MALAS ACCIONES DE DAVE

Dave Mustaine ha sido el guitarra rítmica sin discusión de Megadeth desde la creación de la banda. Y cualquiera que esté mínimamente familiarizado con la música de Megadeth sabrá que Dave es uno de los guitarras rítmicos más rigurosos que nunca han reventado un LED.

La técnica con la mano derecha de Dave es la clave de su propulsivo trabajo rítmico., "La mano derecha es mucho más importante de lo que creen la mayoría de guitarristas," comenta. "La colocación de la palma de la mano, ... la manera de suje-

UNA LECCIÓN CON CON MEGADETH

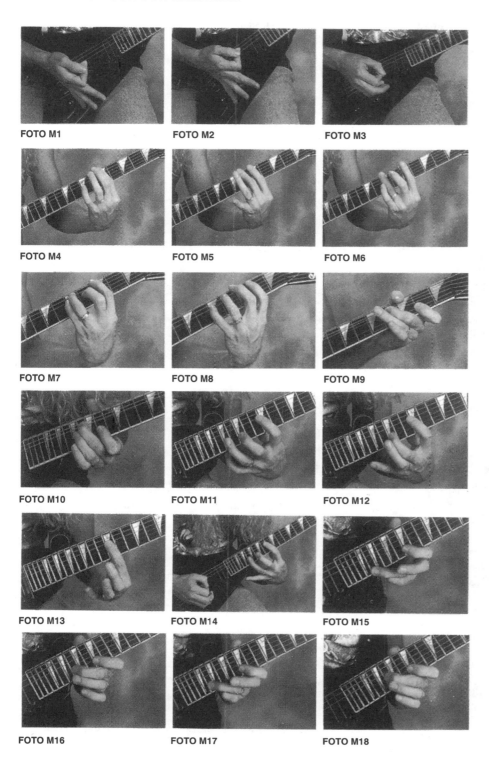

FOTO M1

FOTO M2

FOTO M3

FOTO M4

FOTO M5

FOTO M6

FOTO M7

FOTO M8

FOTO M9

FOTO M10

FOTO M11

FOTO M12

FOTO M13

FOTO M14

FOTO M15

FOTO M16

FOTO M17

FOTO M18

tar la púa. Algunos intérpretes mueven la muñeca; otros el brazo. Yo lo utilizo todo. Es como una articulación en U. Mucha gente no da importancia a la pulsación con la púa– creen que se obtiene un buen tono sólo con la ropa que vistes; tocas fuerte, y esto es todo lo que interesa. Pero yo puedo sonar como yo mismo sin importar el amplificador que utilizo."

Utilizando el patrón básico de 8 notas de la Figura 1, Dave demostró una posición muy efectiva de la mano derecha para el apagado con la palma. "La parte exterior de mi palma es como el filo de una navaja sobre el puente (Fotografía M1)," comentó. "Coloco la mano derecha a un ángulo de 90 grados en relación al cuerpo de la guitarra. De esta manera puedo variar el grado de apagado girando la palma (Fotografía M2).

Dave llevó más allá su técnica con la mano derecha pulsando de manera alterna el patrón de corcheas de la Figura 2. Para eliminar el ruido producido al tocar una cuerda, Dave sujeta la púa de manera paralela a la cuerda al pulsarla (Fig. 3). Para dar precisión y estabilidad a su pulsación, Dave apoya el dedo meñique en el cuerpo de la guitarra (Fotografía M3).

Dave explicó los aspectos tonales de la interpretación de ritmo apuntando algunos recursos que él utiliza para romper la monotonía de los acordes. La típica configuración de fundamental-quinta-octava (Fig. 4) puede convertirse en una posición de acorde más compacta eliminando la nota fundamental (Fig. 5), que puede tocarla el bajo (con ello el acorde sigue estando en posición fundamental). A continuación Dave desplazó esta nueva configuración a las cuerdas 6ª y 5ª (Fig. 6). Esta postura aparece en contexto en el segundo compás de la Figura 7 (Fotografías M4-M6). "Yo utilizo mucho esto ahora que Junior [el bajista David Ellefson] toca un bajo de 5 cuerdas," comenta Dave, refiriéndose a la capacidad de Ellefson de tocar

FIGURA 1

FIGURA 2

FIGURA 3

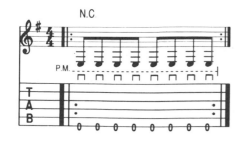

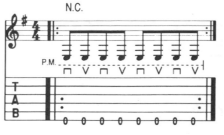

UNA LECCIÓN CON MEGADETH

notas fundamentales muy graves en la cuerda Si grave.

Mustaine reveló otra de sus alternativas favoritas al típico acorde (Fig. 9). En los compases 3 y 4 utiliza una combinación de fundamental-*tercera*-octava para Sol, La y Sib mayor (Fotografía M8) en lugar del acorde normal (Fotografía M7) que aparece en los dos primeros compases.

Cuando la conversación derivó hacia la guitarra solista, Dave se apresuró a indicar que él ve a Marty como el solista más hábil. No obstante, no hay duda de que las explosiones pentatónicas de Mustaine son actualmente un componente básico del sonido de Megadeth. La economía, comenta Mustaine, es la clave. "Me gusta como toca David Gilmour," observó, refiriéndose a las líneas elegantes y contundentes de Gilmour. "En un solo, menos es más." ¿Cuánta gente que escucha sabe tocar la guitarra? Si tocas demasiado, simplemente les suena como si el guitarrista tuviera un enjambre en su cerebro."

Mustaine subrayó su idea con un lick similar al utilizado en "Go To Hell," de la banda sonora de *Bill & Ted's Bogus Journey* (Fig. 10). Transponiendo una simple frase a una octava más aguda saca el máximo

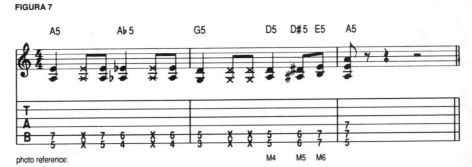

FIGURA 4   **FIGURA 5**   **FIGURA 6**

FIGURA 7

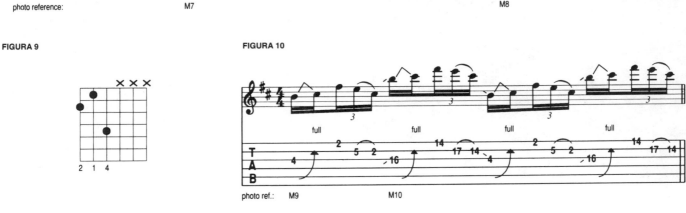

photo reference:

FIGURA 8

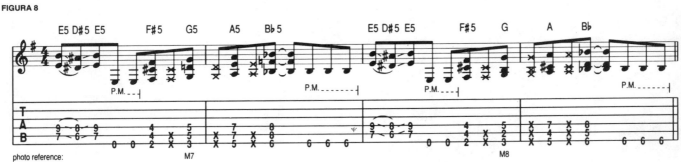

photo reference:

FIGURA 9

FIGURA 10

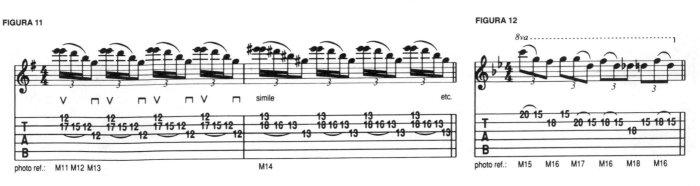

photo ref.:

FIGURA 11

FIGURA 12

photo ref.: M11 M12 M13   M14   photo ref.: M15 M16 M17 M16 M18 M16

FIGURA 13

photo ref.:   F1 F2 F3 F4

partido a un típico lick pentatónico en Si menor. Observa la digitación de la mano izquierda de Dave para el bending (Fotografías M9 y M10). Consigue hacer mucha fuerza aplicando el bend con el 2º dedo y estirando la cuerda con el tercero.

A continuación Dave demostró un lick muy creativo (Fig. 11) similar a uno que aparece al final de su solo en "Holy Wars...The Punishment Due" (*Rust In Peace*). Dave prepara este lick colocando todos los dedos en posición de manera simultánea (Fotografía M11). Un rasgado

hacia arriba de las dos primeras cuerdas produce un unísono (dos Mi). A continuación sigue un doble estiramiento en la 2ª cuerda–de Mi a Re a Si (Fotografías (M12 y M13). La nota Sol (3ª cuerda/traste 12) la toca con el primer dedo sobre las tres primeras cuerdas. Intenta que la nota de la 1ª cuerda suene durante el estiramiento. Este lick se repite cuatro veces, y después se desplaza hacia arriba cromáticamente con cada compás (Fotografía (M14).

Dave complica las cosas en la Figura 7 (Fotografías M15-M18). Basado en una escala de blues en Sol (G, Bb, C, Db, D, F, G), el lick incorpora intervalos fuera de la típica posición de "caja" para producir una ráfaga atípica de intervalos.

LA VIOLENCIA MELÓDICA DE MARTY

Los que entienden de guitarra y conocen el Friedman de Cacophony y Megadeth, así como en solitario, creen sin duda que el estilo de Marty es el producto de muchas horas de estudios teóricos y técnicos. Pero la verdad es que el estilo de Marty trasciende las meras formalidades de los libros de texto.

"Intento no pensar teóricamente," dice Marty. "Si conociera todos los términos–bemol, tercera, novena, lo que sea–mi mente correría tan aprisa para seguir lo que hiciera que me volvería loco."

La selección de notas de Friedman está demostrada en la Figura 13 (Fotografías F1-F4), un lick similar al de "Lucretia" (*Rust In Peace*). Técnicamente, el pasaje está basado en la escala menor húngara (F#, G#, A, B#, C#, D, E#), aunque Marty llegó a ello de manera intuitiva.

La Figura 14 (Fotografías F5-F8) está basada en una frase de "Hangar 18" (*Rust In Peace*). La línea está básicamente en Re mixolidio (D, E, F#, G, A, B, C), a excepción de la nota Do#. "Muchos músicos creen que cuando tocas en el contexto de una escala no puedes desviarte de ella," comenta Marty. "Yo creo que *debes* desviarte de ella si quieres sonar original."

Marty ilustra esta idea tomando una frase simple (Fig. 15a) y aplicando bends/trinos a algunas notas para añadir expresividad (Fig. 15b). Las fotografías F9 y F10 muestran la digitación de la mano izquierda para los rápidos bends.

Otra manera en que Marty crea líneas únicas es con todas las variaciones posibles de una frase básica. En la Figura 16 empieza con una tríada de Mi menor arpeggiado básica (Fotografías F11 y F12). La *economía de pulsación* de Marty está indicada sobre la tablatura. Si no estás familiarizado con esta técnica puedes utilizar la pulsación alterna.

Marty derivó la primera variación de la tríada de Mi menor añadiendo un estiramiento para crear un ritmo de semicorchea (Fig. 17). En la Figura 18 se incluye una nota Mi aguda pasando el dedo meñique

FIGURA 14

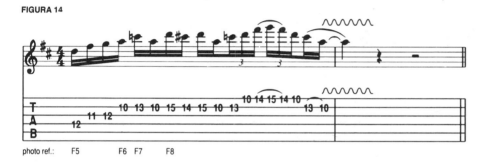

photo ref.:   F5   F6 F7 F8

FIGURA 15a

FIGURA 15b

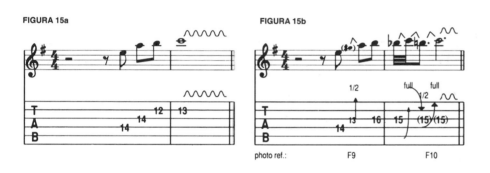

photo ref.:   F9   F10

FIGURA 16

FIGURA 17

photo ref.:   F11   F12

FIGURA 18

FIGURA 19

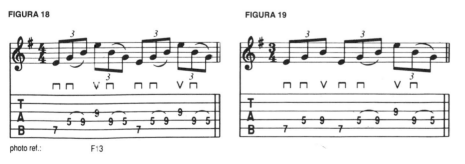

photo ref.:   F13

UNA LECCIÓN CON MEGADETH

a la 3ª cuerda (Fotografía 13). La Figura 19 es una variación híbrida de las Figuras 16 y 18. Las Figuras 17 y 18 pueden combinarse para crear una combinación en un compás extraño (Fig. 20). Las Figuras 21 y 22 se derivan combinando variaciones anteriores.

Marty utiliza este tipo de ejercicio de tema y variaciones para desarrollar algunos licks espeluznantes. "El truco es que todo son patrones," explica. "Cada uno debe practicarse por separado. Pero una vez los dominas los tienes todos a mano, y puedes utilizarlos a voluntad."

Otro recurso que utiliza Marty es la *fila de 12 tonos*, una herramienta de composición utilizada en música *atonal* (en la que no hay ningún centro tonal y en la que los 12 tonos de la escala cromática se consideran de igual valor). Para crear una verdadera fila de 12 tonos, coloca los 12 tonos en cualquier orden, tocando cada nota solo una vez. Marty explica que "yo escribo los nombres de las notas en una secuencia aleatoria en un papel y toco las notas por el orden en que las he escrito."

La Figura 23 (Fotografías F14-F17) está basada en una fila de 12 tonos. "En cualquier caso, este tipo de patrón es ideal para adquirir destreza con los dedos," comentó Marty entre risas. Del mismo modo que en una fila de 12 tonos el orden de las notas es totalmente libre, también lo es el fraseado rítmico. Las posibilidades ofrecidas por esta técnica son prácticamente ilimitadas, y pueden explotarse de manera muy efectivo dentro del reino del thrash; sólo tienes que escuchar lo que hace Marty con Cacophony o en su álbum en solitario, *Dragon's Kiss* (Shrapnel).

Marty comenta que estos licks de sonido "extraño" son quizás más efectivos como recursos para atraer la atención entre licks más estándar. Puedes tocar buenos licks de blues durante toda tu vida, y entrarán por una oreja y saldrán por la

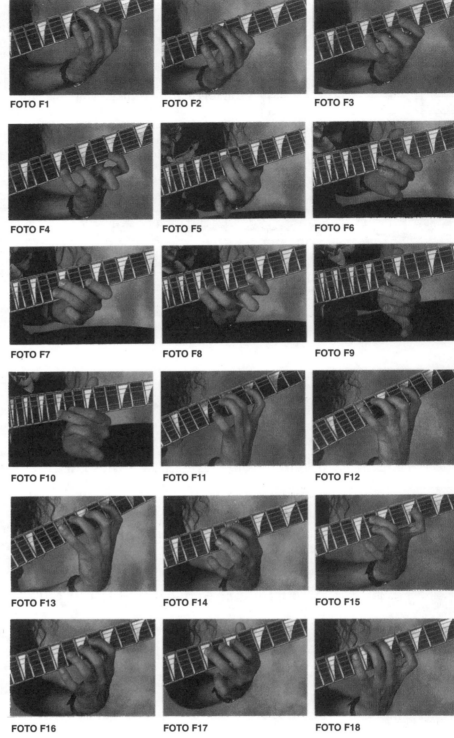

FOTO F1 — FOTO F2 — FOTO F3
FOTO F4 — FOTO F5 — FOTO F6
FOTO F7 — FOTO F8 — FOTO F9
FOTO F10 — FOTO F11 — FOTO F12
FOTO F13 — FOTO F14 — FOTO F15

FOTO F16 — FOTO F17 — FOTO F18

FIGURA 20

FIGURA 21

FIGURA 22

FIGURA 23

photo ref.: F14 F15   F16   F17   F18

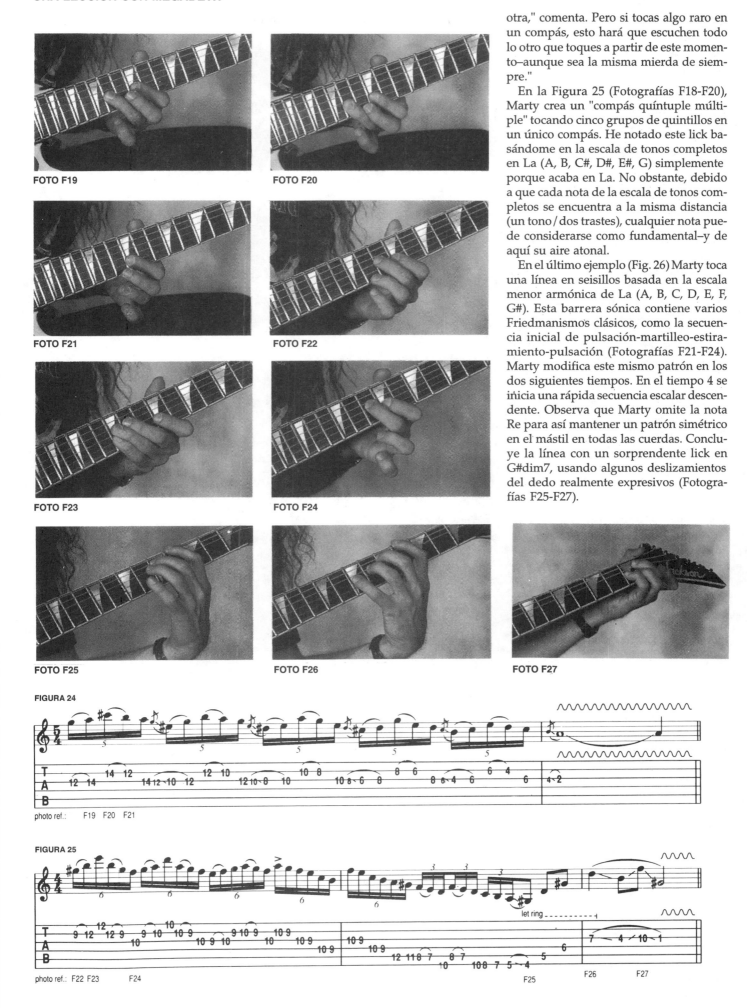

FOTO F19

FOTO F20

FOTO F21

FOTO F22

FOTO F23

FOTO F24

FOTO F25

FOTO F26

FOTO F27

otra," comenta. Pero si tocas algo raro en un compás, esto hará que escuchen todo lo otro que toques a partir de este momento–aunque sea la misma mierda de siempre."

En la Figura 25 (Fotografías F18-F20), Marty crea un "compás quíntuple múltiple" tocando cinco grupos de quintillos en un único compás. He notado este lick basándome en la escala de tonos completos en La (A, B, C#, D#, E#, G) simplemente porque acaba en La. No obstante, debido a que cada nota de la escala de tonos completos se encuentra a la misma distancia (un tono/dos trastes), cualquier nota puede considerarse como fundamental–y de aquí su aire atonal.

En el último ejemplo (Fig. 26) Marty toca una línea en seisillos basada en la escala menor armónica de La (A, B, C, D, E, F, G#). Esta barrera sónica contiene varios Friedmanismos clásicos, como la secuencia inicial de pulsación-martilleo-estiramiento-pulsación (Fotografías F21-F24). Marty modifica este mismo patrón en los dos siguientes tiempos. En el tiempo 4 se inicia una rápida secuencia escalar descendente. Observa que Marty omite la nota Re para así mantener un patrón simétrico en el mástil en todas las cuerdas. Concluye la línea con un sorprendente lick en G#dim7, usando algunos deslizamientos del dedo realmente expresivos (Fotografías F25-F27).

FIGURA 24

photo ref.: F19 F20 F21

FIGURA 25

photo ref.: F22 F23 F24

F25

F26   F27

El Brujo

Rich Robinson de los Black Crowes rechaza las últimas tendencias y trucos de guitarra, y opta por la calidez terrenal del riff de guitarra rítmica

POR NICK BOWCOTT

PARA QUE LO SEPAS. Se está propagando una terrible enfermedad en todo el reino de la guitarra que amenaza con extinguir el ya mermado linaje de la interpretación de ritmo dentro de la especie de las seis cuerdas. La enfermedad en cuestión se conoce como "dolencia de la aceleración," y muchos guitarristas jóvenes muy prometedores ya han sucumbido. Los síntomas son fáciles de reconocer: una fijación por las notas-por-segundo que paraliza progresivamente la creatividad junto a un deseo obsesivo para superar al tipo de al lado. Nada más importa al afectado y, como consecuencia, la artesanía del trabajo rítmico se ignora de manera alarmante. Y aquí está el verdadero peligro.

Teniendo en cuenta el poder de esta epidemia, es realmente refrescante encontrarse con un joven guitarrista al que le importa un pepino la rapidez con que pueda desplazarse por el mástil. Para Rich Robinson de Black Crowes es la canción, y sólo la canción, lo que importa.

Hace poco Rich compartió parte de filosofía interpretativa con nosotros, y para examinar el porqué de su enfoque tan diferente al instrumento en relación a otros guitarristas de 21 años de la escena rock.

"Los guitarristas rápidos no me interesan para nada. Nunca lo han hecho," afirma Rich. "Es decir, Eddie Van Halen tiene mucho sentimiento, ¡pero yo no puedo mover mis dedos con esta rapidez!," comenta riendo. "Por lo que a mi se refiere, tipos como Keith Richards y Ron Wood son un tipo de guitarristas más tranquilos. Yo siempre he creído en ellos, y por eso baso mi interpretación en el ritmo."

"En mi mente, cualquier canción que provoque una respuesta emocional en alguien es una gran canción, y no importa el estilo de música de que se trate," continúa Rich. "Ésta es la manera en que siempre he considerado la interpretación y la escritura. La mayor parte de la mierda 'rápida' no me impresiona lo más mínimo— no hay ningún sentimiento en ella y tampoco comporta ninguna actitud personal."

Aquí las palabras de Rich Robinson, tan joven y tan sabio. Ahora veremos la manera en que él y su compañero de penas guitarreras, Jeff Cease, conjuran su impresionante interacción guitarrística tan manifiesta en *Shake Your Money Maker*. "Bási-

FOTO A

FOTO B

FOTO C

FOTO D

FOTO E

FOTO F

FOTO G

FOTO H

camente, yo toco la parte principal de guitarra rítmica y Jeff la acentúa," explica Rich. "La interacción de las guitarras rítmicas es común en las grandes bandas."

Robinson dice que la naturaleza de esta interacción es difícil de describir. "Lo que hago no está predeterminado de ninguna manera. Simplemente dejamos que las cosas fluyan, y entonces se produce el milagro. Yo escribo una canción, y si Jeff toca algo bueno, le digo 'Bien, déjalo así.' Obviamente, si esta idea inicial no surge entonces tenemos que pasar a otra parte. Es decir, algunas veces Jeff tocará los mismos acordes que yo, pero más agudos; algunas veces tocará frases de notas sueltas; algunas veces ambos tocaremos notas que se combinarán en acordes; algunas veces él tocará acordes ligeramente

diferentes de los míos; algunas veces utilizará un ritmo contrastado; algunas veces dejará un espacio en blanco y algunas veces rellenará los espacios que yo haya dejado. Básicamente, hacemos lo que nos parece mejor para la canción."

Puesto que Rich no daba ninguna norma general y rápida acerca del enfoque dual del ritmo de los Crowes, le pregunté que sugiriera cinco discos de escucha ineludible. Estos son los que propuso:
- *Exile On Main Street* (The Rolling Stones)
- *Rocks* (Aerosmith)
- *A Nod Is As Good As A Wink To A Blind Horse* (The Faces)
- *Stand!* (Sly And The Family Stone)
- *Blood On The Tracks* (Bob Dylan)

Una de las características de los Black Crowes es la frecuente utilización de *afi-*

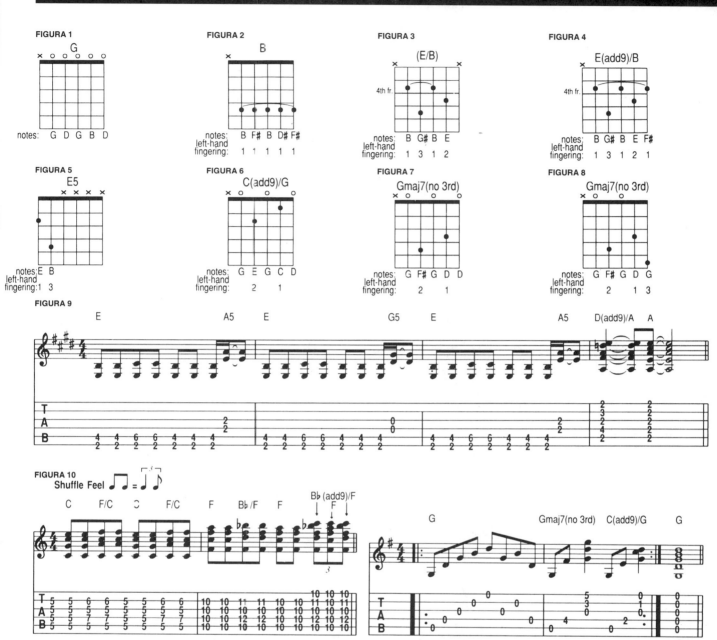

FIGURA 1 — G — notes: G D G B D

FIGURA 2 — B — notes: B F# B D# F#, left-hand fingering: 1 1 1 1 1

FIGURA 3 — (E/B) — 4th fr. — notes: B G# B E, left-hand fingering: 1 3 1 2

FIGURA 4 — E(add9)/B — 4th fr. — notes: B G# B E F#, left-hand fingering: 1 3 1 2 1

FIGURA 5 — E5 — notes: E B, left-hand fingering: 1 3

FIGURA 6 — C(add9)/G — notes: G E G C D, left-hand fingering: 2 1

FIGURA 7 — Gmaj7(no 3rd) — notes: G F# G D D, left-hand fingering: 2 1

FIGURA 8 — Gmaj7(no 3rd) — notes: G F# G D G, left-hand fingering: 2 1 3

FIGURA 9

FIGURA 10 — Shuffle Feel

nacionnes al aire (afinaciones que producen un acorde agradable al rasgar las cuerdas al aire). Yo utilizo afinaciones al aire de Sol, La y Mi el 70 u 80 por ciento de las veces," comenta Rich. "Lo que me gusta de las afinaciones al aire es lo siguiente: ¡Este es mi acorde! (Fotografía A). Para ser sincero, debo confesar que no sé los nombres de las posturas que toco en una afinación al aire–simplemente las utilizo. La mayoría de veces tampoco sé el tono en que se encuentran. Lo que hago es totalmente instintivo. Aprendí a tocar escribiendo canciones–no leyendo libros de música."

Con la Telecaster de Rich afinada al aire en Sol (grave a agudo: D-G-D-G-B-D), le pedí que nos enseñara algunas de sus posturas de acordes favoritas.

La primera es el acorde Sol "Mira, sin manos" (Fotografía B y Figura 1). La segunda es el acorde de Si con un dedo (Fotografía C y Figura 2). Observa la manera

en que Rich coloca el pulgar sobre el mástil para apagar la 6ª cuerda. La Fotografía D muestra a Rich tocando un Mi/Si o un Miadd9/Si (según si pulsa la 1ª cuerda o no; Figuras 3 y 4). El siguiente es un acorde de Mi5 (Fotografía E y Figura 5) y de Do(add9)/Sol (Fotografía F y Figura 6). Por último, tenemos dos digitaciones alternativas para el acorde de Sol mayor 7 (sin 3ª). Ten en cuenta las posturas que pueden desplazarse.

Seguidamente Rich nos introdujo en el mundo del Sol al aire demostrando tres simples patrones de acordes (Figuras 9-11). La Figura 9 es una pequeña progresión en Mi con aire blues (observa el exuberante acorde de Re(add9)/La cerca del final). La Figura 10 es una frase funky muy Stoniana en Do (los tres acordes finales adquieren una calidad reluciente al añadir la 1ª cuerda–la más fina–a ellos). Por último llegamos a la Figura 11, un pequeño motivo pulsado.

Si este breve vistazo a las enormes posibilidades de esta afinación ha abierto tu apetito, te sugiero que la explores mediante la experimentación y estudiando el excelente "Alternate Tunings Analyzed" de Dave Whitehill, que apareció en la sección "Trading Licks" del número de diciembre de 1988 de Guitar World. Una de las cosas más fascinantes de la afinación al aire es que permite tocar acordes extraños y maravillosos que serían muy difíciles, si no imposibles, de tocar con la afinación normal.

Al final de nuestra reunión pregunté a Rich si tenía algún consejo para ofrecer a los que empezaban a tocar. Su respuesta: "tienes que amar la música por lo que realmente es y no por lo que puedes sacar de ella. Por encima de todo debes ser honesto contigo mismo y con todos los demás– esto es lo más importante de la música. Tienes que ser honesto."

Nick Bowcott es guitarra solista de Barfly

UNA CLASE PRIVADA CON SLASH DE GUNS N' ROSES

Azotar y Quemar

Slash de Guns N' Roses supera su humildad para ofrecer sus ideas acerca del arte del vibrato, evitando "licks estándar de rock" y la importancia del apagado de cuerdas

POR WOLF MARSHALL

SLASH ASEGURA QUE no tiene ningún estilo personal como guitarrista. Esto a pesar del hecho de que cualquier sábado por la tarde sus personales riffs en Guns N' Roses retruenan en las paredes de tiendas de discos de todo el mundo.

Al principio era más que reticente a dar esta clase; su destreza técnica y su conocimiento de la teoría no eran, según él, suficientes. No obstante, una vez la guitarra estuvo en sus manos su reticencia dio paso al entusiasmo. Dio ideas muy buenas acerca de las bases de la guitarra rock y del ritmo, y acerca de sus técnicas y conceptos de solo.

Empezamos la exploración del enfoque guitarrístico de Slash con un vistazo a su técnica de *vibrato*–que define el sonido individual de muchos guitarristas de manera tan distintiva como una huella dactilar.

"Para mí, el vibrato es como un bend con movimiento, pero sin llegar tan lejos," explicó Slash. "La mano se apoya de la misma manera [*compara las Fotografías B y E*], pero la acción física es diferente. Algunas veces tiro hacia abajo, otras hacia arriba y otras hacia adelante y atrás. La técnica sirve para expresar emociones–la ejecución está a un nivel emocional. Creo que es muy importante hacer que el vibrato encaje en la canción–tanto en relación al tempo como en relación al sentimiento."

Slash tocó un lick simple y vigoroso para ilustrar esta idea (Fig. 1). Tocado enteramente en la 2ª cuerda, este lick es una demostración absolutamente definitiva del vibrato y del bend de cuerdas en la guitarra rock. Observa la Claptoniana posición fija de la mano basada en el blues y la utilización dominante del tercer dedo para pulsar las cuerdas sobre el mástil (Fotografías A-E). El pulgar fija la muñeca, que es la que realiza la mayor parte de la oscilación durante el vibrato. Los demás dedos ejecutan la frase–el dedo índice apaga las cuerdas 3ª y 1ª alrededor de la 2ª cuerda en la que se aplica el vibrato (el *apagado con la palma* de la mano derecha silencia las cuerdas 4ª-6ª) y el dedo corazón ayuda a aplicar el bend a la cuerda (*digitación reforzada*) (Fotografía E).

"Otra cosa que me gusta hacer es coger otras cuerdas con el dedo que tengo sobre el mástil al aplicar el bend, y utilizar el ruido de cuerdas resultante de manera musical," explicó Slash. "Es agresivo. Pue-

FOTO A

FOTO B

FOTO C

FOTO D

FOTO E

FOTO F

FOTO G

FOTO H

FOTO I

FOTO J

FOTO K

FOTO L

FOTO M

FOTO N

FOTO M

FOTO N

FOTO O

des oírlo muchas veces mientras toco." La fotografía E muestra uno de estos bends "de múltiples cuerdas." En este caso Slash aplica bend y vibrato de manera simultánea a las cuerdas 2ª y 3ª. "Si toco en las cuerdas graves siempre tiro de ellas hacia abajo para aplicar vibrato," explica.

La Figura 2, un lick típico de Slash, tiene un aire funky y rítmico, aplica el apa-

gado con la palma (P.M.) de varias maneras e incluye *tonos cromáticos intermedios* (F-F#-G). "También me gusta aplicar bend y hacer vibrar las cuerdas," comenta. "Por ejemplo, puedo tomar este acorde de Do5 y tirar de las cuerdas hacia abajo con los dedos 1° y 4° [*Fotografías H e I*]. Utilizo maniobras similares en el riff de "Paradise City" al tocar en directo."

UNA CLASE PRIVADA CON SLASH DE GUNS N' ROSES

FIGURA 1

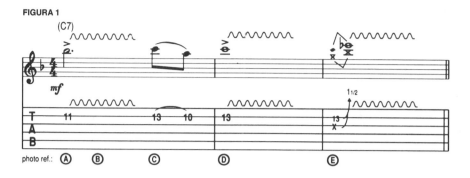

photo ref.: Ⓐ   Ⓑ   Ⓒ   Ⓓ   Ⓔ

FIGURA 2

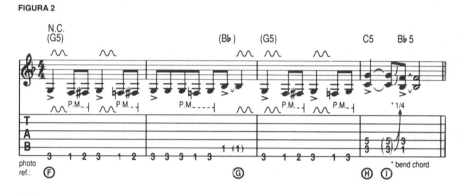

photo ref.: Ⓕ   Ⓖ   ⒽⒾ

* bend chord

FIGURA 3

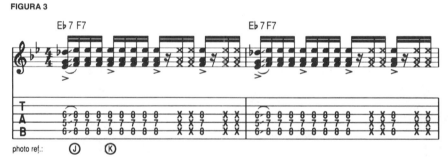

photo ref.: Ⓙ   Ⓚ

Ⓛ

FIGURA 4

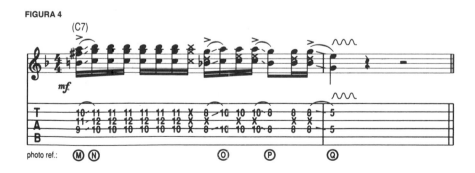

photo ref.: ⓂⓃ   Ⓞ   Ⓟ   Ⓠ

Slash se apresura a señalar que él nunca se deja atrapar por la técnica hasta el punto de que sea un estorbo para mi música: "No practico técnica porque para mí es virtualmente imposible sentarme y practicar. Pero *toco* todo el tiempo. Cuando estoy en mi ciudad salgo a improvisar para mantener mis dedos en forma–básicamente blues, cosas de I-IV-V, de James Brown, r&b antiguo. Siempre toco, pero todo lo que toco debe tener ritmo y sentimiento para que pueda aplicar el riff y el solo correctos. En esto tengo las ideas muy claras."

Pero, ¿como se hace para encontrar el "tipo correcto de riff y de solo" para un tema en concreto? Según Slash, todo empieza con el ritmo. "Yo siempre me concentro en el *ritmo* y en el *aire general* de la canción para que mi mano derecha empiece a moverse. Puede empezar con un ritmo como éste" [*Fig. 3*]. Slash toca un patrón de acordes con un ritmo muy acentuado en semicorcheas con las cuerdas apagadas, adornando los pocos cambios con acordes deslizantes, acordes de dos notas, y un sentimiento de r&b consistente y desgarrador. El patrón sigue una progresión IV-I funky (Fa7-Do7).

Observa la utilización por parte de Slash del *apagado con la mano izquierda* (indicado con x en la partitura y tablatura) tal como la aplica a la forma del acorde de Fa7. La 6ª cuerda está apagada mediante una ligera presión con la punta del 2º dedo; las cuerdas 2ª y 1ª están apagadas con la parte carnosa del dedo índice (Fotografías J y K). Para enmudecer la postura de Fa7, deja la mano izquierda suelta sobre las cuerdas sin dejar de tocarlas. Observa la acción suelta, pero controlada, de la muñeca de la mano derecha en las Fotografías J, K y L. Con ello las semicorcheas mantienen un ritmo constante–suave, regular y funky. "Amo el r&b–el tipo más antiguo de rock and roll– igual que James Brown. Esta música me da muchas ideas rítmicas. No es una copia de notas concretas, es más el sentimiento general."

A continuación Slash ilustró el tipo de relleno que suele tocar sobre un Do7. Jugando con las posturas de la Figura 4 creó un relleno jugoso consistente en acordes de séptima y acordes de dos notas de sexta descendente muy blues. Vuelve a observar la importancia del apagado con la mano izquierda. En este ejemplo, el índice evita que suenen las cuerdas no deseadas (Fotografías M-O).

"Para puntear sobre esto seguramente jugaría con esto [*toca la Fig. 5, un lick de blues pentatónico en Do menor clásico*]," continúa Slash. "Es una variación del primer lick de rock que aprendí. Es muy estándar– el lick de rock estándar número uno de todos los tiempos– pero siempre funcio-

FIGURA 5

photo ref.: Ⓡ Ⓢ Ⓣ

FIGURA 6

C minor
pentatonic box

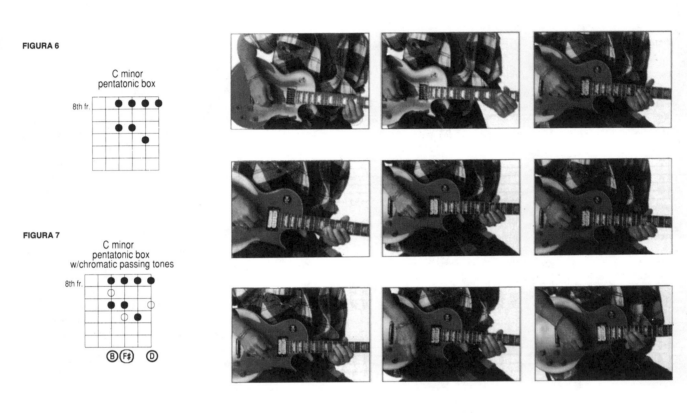

FIGURA 7

C minor
pentatonic box
w/chromatic passing tones

Ⓑ Ⓕ# Ⓓ

FIGURA 8

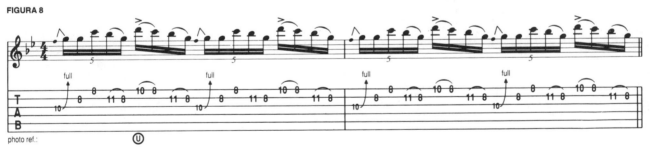

photo ref.: Ⓤ

na. Siempre utilizo alguna forma de este lick, y me gusta repetirlo para hacer que la energía fluya. Ésta es mi posición favorita [*Fig. 6*]. El Do es mi tono favorito. Adopta esta postura en el centro del mástil [*8ª posición*] y, utilizando notas relacionadas, puedo ir tan arriba como quiero [*hasta la posición 20*] y tan abajo como quiero [*hasta la 1ª posición*] dentro del lick para construir el solo de la manera que quiero. Existen un millón de cosas que puedes hacer en este área—es uno de estos puntos del mástil que son tan fluidos. Puedes moverte por donde quieras, y al aterrizar

allí te sientes cómodo. Puedes sentarte ahí y tocar dos notas, o puedes enmarañarte. Las posibilidades son infinitas.

"Para escapar de los confines de los 'licks de rock estándar' me gusta añadir tonos cromáticos intermedios. Por ejemplo, puedo tomar algo de ahí [*toca una escala cromática en Do: C, C#, D, D#, E, F, F#, G, G#, A, A#, B*] y añadirlo al lick. Existen muchos tonos intermedios diferentes que funcionan en esta posición." Algunos de estos tonos aparecen en la Figura 7. Slash empieza tocando la Figura 8, una línea pentatónica en Do menor con una 9ª (Re)

añadida. "De Si a Do también es muy fuerte [*Fig. 9*]," añade. "Creo que Fa# suena bien en medio de un lick." [*Fig. 10*] La *nota blue* Fa# se utiliza como verdadero tono intermedio, conectando cromáticamente las notas Sol y Fa. "Están en todas partes del mástil," comenta Slash.

La Figura 9 es otro ejemplo de un tono intermedio utilizado en una frase característica de Slash. El lick es similar al que se oye en el solo de "Sweet Child O' Mine"–una variación improvisada que demuestra el concepto de manera sucinta. Aquí Slash añade las notas Fa#, Re# y Do a lo

UNA CLASE PRIVADA CON SLASH DE GUNS N' ROSES

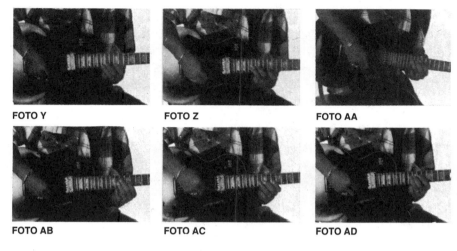

FOTO Y   FOTO Z   FOTO AA

FOTO AB   FOTO AC   FOTO AD

que básicamente es un lick pentatónico en Mi menor (E-G-A-B-D). "Yo pienso en estos sonidos como clásicos [*trinos entre Fa# y Sol (Fotografía Y), y a continuación entre Do y Si (Fotografía AC)*]. A mí me suenan como Jimmy Pageianos–orientados a escala. Utilizo cosas de estas en "Back Off Bitch" y "Don't Damn Me" de "Use Your Illusion "

Slash resumió su idea de la guitarra con este pensamiento: "Lo más importante es tocar de la manera que lo sientes. Debes ir con las emociones y la música que te salgan. Si oyes más notas, toca más notas; si oyes menos notas, toca menos. Si oyes algunas "notas exteriores" en la canción, hazlas encajar–pueden ser las notas mágicas. Un productor puede decirte 'esto está fuera de tono.' Puede que lo esté–o puede estar en clave de Z–pero si está en tu emoción, sigue con ello."

Wolf Marshall, El "decano de los educadores de música rock," ha escrito una serie de innovadores libros de transcripciones para Hal Leonard Publishing. La columna de Marshall "Rock Basics" aparece cada dos meses en Guitar World.

FIGURA 9

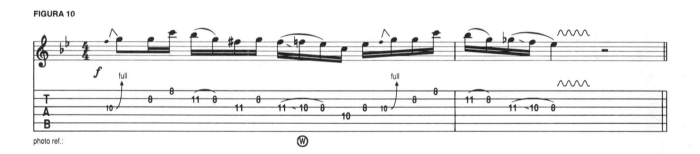

photo ref.:

FIGURA 10

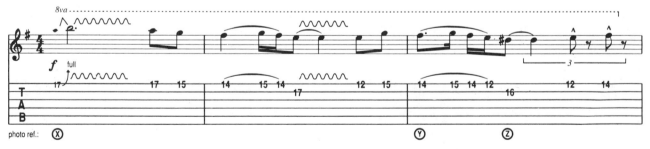

photo ref.:

FIGURA 11

FIGURA 12

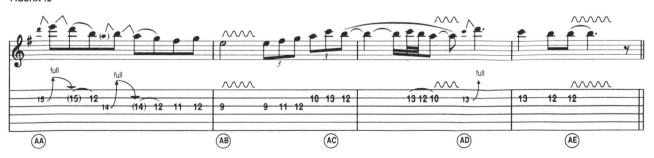

VIAJAR

¿Estás preparando un viaje por el mástil de tu guitarra? No te preocupes. Nuestro guía, **Danny Spitz** de Anthrax puede abrirte los ojos y las orejas a todo lo que es bonito, maravilloso y verdadero en el mundo de los viajes por el mástil.

POR NICK BOWCOTT

UN OBSTÁCULO PARA muchos guitarristas es la utilización eficiente de todo el mástil de la guitarra al tocar un solo. Muchos de nosotros estamos acostumbrados a tocar escalas y modos en una única posición, pero que pocos se sienten cómodos o capaces cuando se trata de *viajar* hacia arriba y hacia abajo del mástil con convicción, fluidez y rapidez. Un guitarrista que definitivamente no sufre de este mal, que normalmente afecta a la creatividad, es Danny Spitz de Anthrax.

Al tocar un solo, Spitz es capaz de cubrir amplios tramos del mástil con una gran facilidad. Danny atribuye su impresionante movilidad con la mano izquierda a algo sorprendente: "Cuando empecé a tocar no llegaba a ningún sitio, hasta que empecé a ir a clases con un guitarrista de jazz. Creo que con él aprendí en un año lo que normalmente se aprende en tres, y recomiendo a cualquiera que esté empezando que se pase como mínimo un año de clases de guitarra de jazz o clásica. Si quieres practicar duro, progresarás muy rápidamente."

Danny entonces fue directamente al grano. "Una de las primeras cosas realmente difíciles que me enseñó mi profesor fue este pequeño ejercicio [Fig. 1]. No sólo te ayuda a desarrollar todos los dedos de la

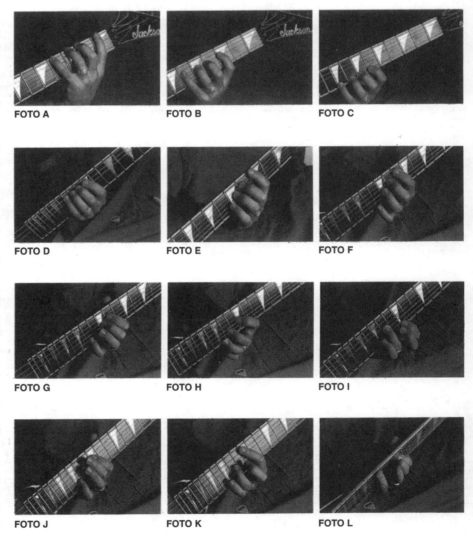

FOTO A

FOTO B

FOTO C

FOTO D

FOTO E

FOTO F

FOTO G

FOTO H

FOTO I

FOTO J

FOTO K

FOTO L

UNA LECCIÓN CON DANNY SPITZ

FIGURA 1

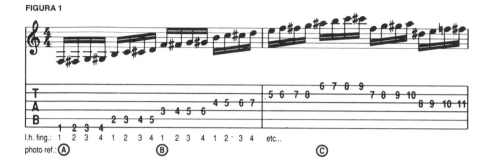

l.h. fing.: 1 2 3 4   1 2 3 4   1 2 3 4   1 2 3 4   etc...
photo ref.: Ⓐ   Ⓑ   Ⓒ

Ⓓ

FIGURA 4

G diminished scale (half-whole)

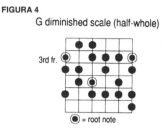

3rd fr.

● = root note

FIGURA 2

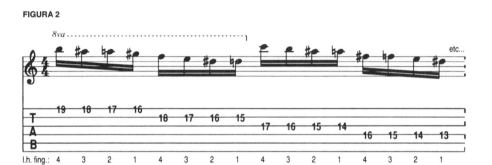

l.h. fing.: 4 3 2 1   4 3 2 1   4 3 2 1   4 3 2 1

FIGURA 3

l.h. fing.: 2 4 1 2 4 1 2 4 1 2 4✓4 1 2 4 1   2 4 1 2 4 1 2 4 1 2 4✓4 1 2 4 1

mano izquierda, sino que también te enseña a desplazarte *lateralmente*, ya que la mano izquierda debe desplazarse un traste hacia arriba cada vez que cambias de cuerda. Si tocas este ejercicio de "a la inversa" [Fig. 2], la mano se desplaza en la otra dirección [*hacia las clavijas*]. Este ejercicio me ayudó decididamente a salir de la rutina de la posición única."

"Siempre que descubro una escala nueva," continuó Spitz, "me concentro en primer lugar a aprender sus diferentes posiciones en todo el mástil. Seguidamente trabajo para conectar las posiciones." Siguiendo con este tema, explicó "Esto me facilita el desplazamiento por el mástil y el paso de una posición a otra sin dudar." Para ilustrar este punto, Danny tocó sin ningún esfuerzo una frase de dos octavas basada en la escala de Sol mayor (G, A, B, C, D, E, F#), utilizando deslizamientos con el dedo meñique para desplazar la mano hacia posiciones más agudas en el mástil (Fig. 3). "Nunca aplico bend con el dedo meñique, pero es como mi dedo guía cuando me desplazo por una cuerda."

La práctica de frases de largo alcance como ésta no sólo te ayudará a ampliar el conocimiento y la maniobrabilidad del mástil, sino que también pondrá a prueba tu agilidad y precisión con la mano izquierda. Tal como lo expresó Danny, "Tocar frases como ésta te revuelve el cerebro—especialmente a gran velocidad."

Para seguir demostrando los beneficios de poder tocar una escala en casi cualquier punto del mástil, Danny tocó la frase con la escala de Sol disminuido en tritonos de la Figura 5. La Figura 4 es un diagrama de la misma escala sobre el mástil.

Aunque Spitz es un gran defensor del conocimiento de las escalas, no le gusta utilizar este conocimiento como una muleta para la interpretación. "A medida que

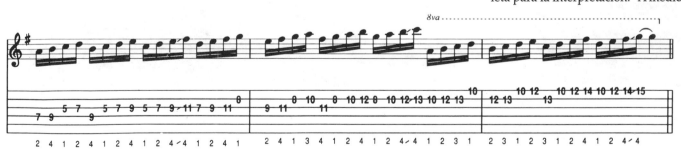

2 4 1 2 4 1 2 4 1 2 4✓4 1 2 4 1   2 4 1 3 4 1 2 4 1 2 4✓4 1 2 3 1   2 3 1 2 3 1 2 4 1 2 4✓4

UNA LECCIÓN CON DANNY SPITZ

FIGURA 5

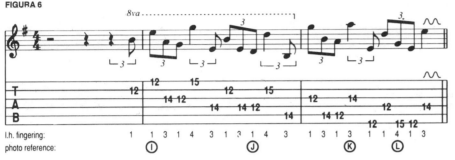

FIGURA 7

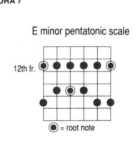

E minor pentatonic scale

12th fr.

⊙ = root note

FIGURA 6

he madurado como intérprete me he ido dando cuenta de que un solo debe salir del corazón–no sólo de donde decidan ir los dedos," afirmó con una risa sofocada. "Un solo no debe sonar como un montón de escalas tocadas juntas. Normalmente omito cuerdas para crear intervalos amplios y así evitar el sonido escalar." Danny

tocó el lick que aparece en la Figura 6, demostrando lo efectiva que puede ser la omisión de cuerdas para disimular incluso la escala más común–en este caso la pentatónica en Mi menor (Fig. 7).

"Asegúrate de decir a los lectores que toquen todas las frases que he propuesto utilizando la pulsación alterna estricta

(abajo, arriba, abajo, arriba, etc.)," dijo Danny al final de nuestra sesión. "Yo pulso todas y cada una de las notas, un hábito que al principio me esforcé en desarrollar. Me quedó, y ahora es una parte importante de mi estilo."

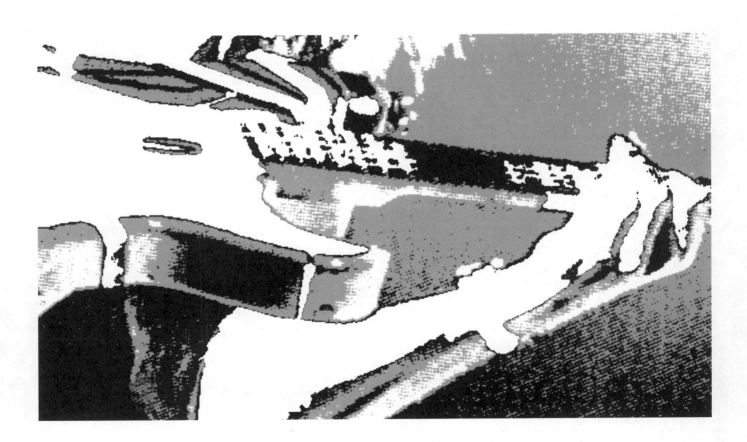

UNA CLASE CON STEVE VAI

10 Horas de Ejercicios

Steve Vai guía a Dave Whitehill, paso a paso, a través de su programa de ejercicios aeróbicos de 10 horas para guitarra

POR DAVE WHITEHILL

ESTA CLASE TIENE un significado especial para mí, ya que Steve Vai es la influencia principal en mi trabajo como transcritor de música para guitarra. Acababa de venir de una clase con Joe Satriani, el anterior maestro de Steve, por lo que pensé que estaría bien pasar un rato aprendiendo las cosas que Steve ha hecho, fuera de las clases, para desarrollar sus imponentes dedos y su increíble vocabulario musical. ¿Tendría algunos consejos o normas generales para pasarlos a sus muchos seguidores? Cuando empezamos la clase en su estudio doméstico de 24 pistas, me respondió, "Podría sentarme aquí y decirte, 'Regla uno: intenta tocar siempre con nitidez,' o 'Regla dos: piensa la melodía,' pero realmente yo no creo que haya normas generales. Si intentas hacer algo que alguien dice que es una norma básica puedes estar yendo contra tus ideas. La mayoría de las veces las innovaciones aparecen cuando alguien rompe las normas."

"Si *tuviera que* dar una norma básica, ésta sería: No te creas nunca lo que te vendan como la Biblia; ya sabes, cosas como "*Esto* es lo que es y *esto* es lo que debería ser.' La música es una forma de arte, es una expresión de tí mismo, y debes crearla a tu manera. Yo tampoco digo que no escuches lo que dicen los demás, ya que es muy útil oír lo que ha aprendido otra gente. Es muy útil para construir tu técnica a partir de las lecciones de alguien en una revista o

FIGURA 1

FIGURA 2

FIGURA 3

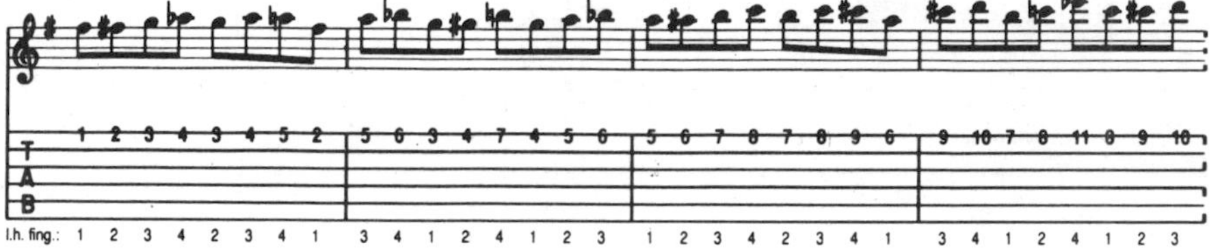

UNA LECCIÓN CON STEVE VAI

FIGURA 4

FIGURA 5

FIGURA 6

FIGURA 7

FIGURA 8

FIGURA 9

FIGURA 10

algo. Puedo mostrarte algunos ejercicios y cosas que hice que creo que eran útiles, pero no puedes estar siempre con lo que haga yo u otro, porque empezarías a sonar como yo o como este otro y perderías tu propia identidad."

"Podría sentarme aquí y decirte, 'Toca con el corazón.' Pero, ¿qué coño significa esto? Se dice muy fácilmente, pero es muy difícil de entender. Cuando dices 'Toca con el corazón' quieres decir 'Toca con tu propio corazón.' Pero, ¿qué es tu propio corazón? Para conocer tu corazón tienes que conocerte a ti mismo, y para conocerte a ti mismo tienes que ser tu mismo, y para ser tu mismo, tienes que gustarte. Esto entra en el terreno de la psicología, pero creo que esto es lo importante en el estilo de una persona, la manera como es y la manera como se expresa."

10 HORAS DE EJERCICIOS

Pregunté a Steve si su desarrollo técnico era el resultado de practicar algún tipo de rutina de "entreno" específica. Después de recordar sus años previrtuoso, se dijo que documentaría todo lo que hiciera–y que practicaría 10 horas cada día. La primera hora estaba dedicada a ejercicios técnicos, la segunda a escalas, y la tercera a "algo con los acordes." Repetía estas áreas de estudio tres veces. Los ejercicios estaban divididos en tres categorías: *pulsación lineal*, *estiramiento* y *angular*.

Ejercicios de Pulsación Lineal

Para desarrollar una técnica de pulsación fuerte y fluida Steve recomendó practicar "cosas que sean técnicamente difíciles, tanto si se pulsan una, dos, tres o cuatro notas por cuerda–cualquier cosa con maniobras de omisión de cuerda difíciles. Empieza lentamente y utiliza un metrónomo. Concéntrate en una ejecución limpia y relajada. Una vez te sientas cómodo tocando un cierto patrón, pon el metrónomo algo más rápido. Sigue practicando y eventualmente, al cabo de unos meses, lo tocarás de manera perfecta."

El primer ejemplo de este tipo de ejercicio lineal que Steve me mostró está basado en un patrón ascendente que llamaremos simplemente "1-2-3-4," ya que se refiere al orden en que los dedos de la mano izquierda se colocan sobre cada cuerda (Fig. 1). A continuación tocó una variación alterna (Fig. 2). El patrón de digitación (representado numéricamente) sigue la secuencia de repetición 1-2-3-4, 2-3-4-1, 3-4-1-2, 4-1-2-3. Esta idea alterna también debe tocarse en una única cuerda (Fig. 3). Encontré que esta posición era un ejercicio excelente para el *cambio de posición*.

El siguiente paso es explotar todas demás las combinaciones posibles de 1-2-3-4, como 4-3-2-1, 4-2-3-1, 1-3-2-4, etc.–cualquier combinación de cuatro notas que encuentres difícil–y practicarla de una manera similar.

Si aplicamos el enfoque pragmático de Steve a combinaciones de tres notas por cuerda, por ejemplo 1-3-4, el resultado serán los tres ejercicios de las Figuras 4-6. Evidentemente, también pueden utilizarse patrones de dos notas por cuerda para ejercicios de pulsación lineal (Figuras 7 y 8). El ejercicio de la Figura 7 ayudará a los que tengáis problemas para cambiar de cuerda con el mismo dedo. Desplaza la presión del dedo sobre las cuerdas al cambiar de una a otra para evitar que las notas se "superpongan." Para ello, estira la primera falange al cambiar la presión del dedo a la siguiente cuerda.

Ejercicios de Estiramiento

Los ejercicios de estiramiento de las Figuras 9 y 10 se tocan igual que los ejercicios de pulsación de dos notas por cuerda, pero la idea es ampliar gradualmente el alcance de la mano. La Figura 9 amplía cada par de dedos consecutivos (1&2, 2&3, 3&4). Si encuentras difícil tocar cualquiera de estos estiramientos en la 1ª posición, empieza más arriba en el mástil y ve bajando a medida que los dedos se agilicen y aumente su alcance. La Figura 10 trabaja los pares de dedos 1&3 y 2&4. Además de estos dos ejercicios, intenta abarcar cuatro o cinco trastes con los dedos 1º y 4º. Igual que antes, empieza arriba en el mástil hasta que tu mano sea más flexible.

"La posición de la mano es muy importante en todos estos ejercicios," comenta Steve. "El pulgar no debe asomar por encima del mástil, ya que esto disminuye en gran manera el alcance. Hay que mantenerlo centrado por detrás del mástil y los dedos deben estar paralelos a los trastes antes de intentar un estiramiento."

Ejercicios Angulares

"Los ejercicios angulares mejoran los dedos de cruce de cuerdas," explica Steve. "La economía de pulsación es una de las técnicas más eficientes que pueden utilizarse al cruzar cuerdas." La Figura 11 ejemplifica la finalidad de los ejercicios angulares. Después de analizarlo me di cuenta de que la idea general era tomar un patrón de digitación, en este caso 4-3-2-1, y trabajarlo en todas las cuerdas. Puesto que sólo hay tres grupos de cuatro cuerdas adyacentes (1ª-4ª, 2ª-5ª y 3ª-6ª), el patrón entero no se manifiesta hasta que no se toca en uno de estos grupos de cuerdas. Lo encontré útil para ver tres cuerdas imaginarias en cada extremo del mástil, ya que esto me daba un punto de referencia para digitar las seis primeras y las seis últimas notas del ejercicio. Con este enfoque, la progresión de notas parece muy natural. Cuando toco la primera nota (Fa) con el primer dedo, pienso en términos del patrón 4-3-2-1 completo con los otros dedos (4-3-2) sobre las cuerdas imaginarias. No obstante, sólo utilizo el primer dedo. A medida que el patrón se desplaza por las cuerdas los demás dedos entran en acción. De la misma manera, al que-

FIGURA 11

FIGURA 12

FIGURA 13

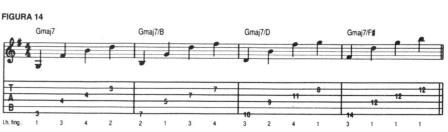

FIGURA 14

UNA LECCIÓN CON STEVE VAI

FIGURA 15

FIGURA 16

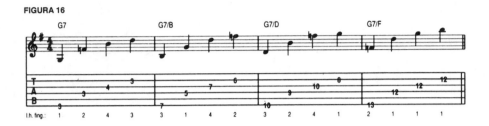

FIGURA 17

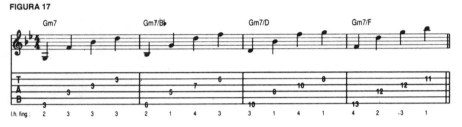

FIGURA 18

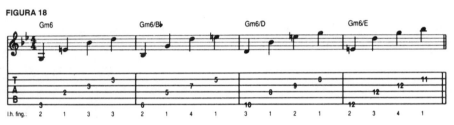

FIGURA 19

G major scale/Ionian mode

FIGURA 20

G major scale/Ionian mode in thirds

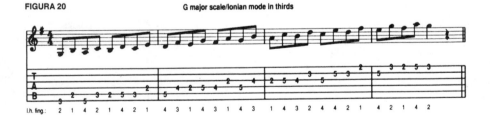

FIGURA 21

G major scale/Ionian mode in fourths

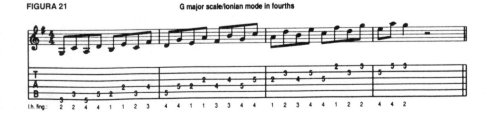

darte sin cuerdas en el compás 3, todos los dedos excepto el 4º quedan fuera del mástil sobre cuerdas imaginarias.

La Figura 12 es un patrón 1-2-3-4 aplicado a un ejercicio angular. La utilización de las "cuerdas imaginarias" facilita la creación de los ejercicios correspondientes para otros patrones de digitación. Por ejemplo, un ejercicio angular basado en un patrón de digitación 1-2-3-4 empezaría 4, 2-4, 3-2-4, 1-3-2-4 (Fig. 13).

Estudios de Acordes

Steve describió sus tres sesiones de una hora de estudio de acordes. "La primera hora leo diagramas. Cojo *The Real Book* [*una antología de estándares de jazz y fusion utilizado en la Berklee School of Music de Boston*] y toco cosas como... [*toca la melodía de "The Last Time I Saw Paris"*]. Después dedico toda una hora a experimentar con acordes y voces inusuales. La tercera hora simplemente improviso sobre un patrón de ritmo como... [*toca un ritmo funky en Mim11*] hasta que consigo algo *serio*, que grabo en una cinta y sobre el que improviso. "También invierto y realizo arpeggios de todos los diferentes tipos de acordes, como Sol mayor 7" [*toca la Fig. 14*].

La *inversión* es una técnica mediante la cual se toca un acorde de manera que cualquiera de sus notas que no sea la fundamental es la más grave. En la Figura 14 se toca un Sol mayor 7 (G-B-D-F#) primero con la nota fundamental como nota más grave (compás 1), y a continuación con las notas 3ª, 5ª y 7ª como notas más graves (compases 2, 3 y 4 respectivamente). Los *arpeggios* implican tocar las notas de un acorde consecutiva y no simultáneamente. Otros acordes de cuatro notas, como los de sexta mayor, séptima dominante, séptima menor y sexta menor se tratan de la misma manera en las Figuras 15-18.

Estudios de Escala/Modo

Parte del enorme trabajo con escalas de Steve es tocar la escala mayor en todos los 12 tonos a diez tempos diferentes. También practica escalas en patrones de intervalos. Por ejemplo, después de tocar la escala de Sol mayor que aparece en la Figura 19, la toca en terceras (Fig. 20), cuartas (Fig. 21) y quintas (Fig. 22). A continuación lo hace con todos los modos diferentes (Figuras 23-28). Steve aconseja "tocar poco a poco para asegurar que son perfectas–limpias, regulares y en sincronización con el metrónomo. Concéntrate en la economía de movimientos de la pulsación. El proceso es realmente muy mecánico. Cuando estudiaba todo esto en Berklee intentaba combinar lo mecánico y lo emocional. Me di cuenta que una vez perfeccionada mi técnica, me era mucho más fácil expresarme. También aprendí que es importante no dejarte llevar por lo recién aprendido. Es muy fácil decirte, "¡Uau! ahora tengo dedos" como resultado de todos estos ejercicios mecánicos, y perder de vista *por qué* los tienes."

Cuando pregunté a Steve si utilizaba las demás posiciones de la escala mayor, me respondió, "No, solía tocar en una única posición; las demás no me servían. La única razón por la que hacía estas escalas era para tener su sonido en la cabeza y conseguir que mis dedos marcharan solos. No quería aprender escalas en un millón de posiciones diferentes. Tenía miedo de empezar a tocar de manera demasiado posicional. Practicaba este ejercicio en todos los tonos: empezaba con Mi mayor, iba de la nota más grave a la más aguda [*toca la Fig. 29*] y viceversa. No sé lo que hacía exactamente, no podría repetirlo. La premisa es que tienes que hacerlo de oído, tocarlo de manera diferente cada vez sin realizar ningún fallo, o tenías que volver a empezar. Los dedos desarrollan sus propios ojos y consigues tocar la escala que oyes en la cabeza en lugar de dejarte llevar por la mecánica de todo esto.

Otros Reinos

"De cualquier manera, esto hace nueve horas, y era el primer día. El segundo día haría menos, pero practicaría otras cosas: dedicaría tres horas a la mecánica y después trabajaría el vibrato, o los martilleos, estiramientos y trinos y los trabajaría durante una hora. El principio es centrarte en una idea, trabajarla durante una hora y pasar a algo diferente. La última hora siempre la reservaba a tocar solos e improvisar, es decir, a sentir, olvidándome de todo y simplemente tocando."

"Solía hacer una cosa llamada 'hora de sensibilidad,' durante la que me sentaba e intentaba tocar con toda la sensibilidad posible. Grababa progresiones de acordes como ésta...[*toca la Figura 30a*]. Pensaba una frase en mi cabeza–una palabra, una frase, lo que sea–e intentaba comunicarla melódicamente en la guitarra." Steve me pidió que dijera algo, y le comenté lo que me había impresionado su solo y dije, "Hey Steve, that was really nice" (Vaya, Steve, esto ha sido realmente bueno). Él, a su vez, tocó la frase de los dos primeros compases de la Figura 30b para expresar mis palabras y siguió con una variación en cada uno de los dos compases finales. Cada nota se corresponde con una sílaba. Por lo tanto, el ritmo sigue un patrón de habla natural. Por ejemplo, la pausa después de las dos primeras notas refleja el corte después de "Hey Steve. "Puedes establecer un diálogo entre tu y tu *mente*. *Alguna* gente lo hace y así es como rezan– rezan para *si mismos* cuando tocan un instrumento. Es muy expresivo y es mejor que pensar., "Bien, estoy en el tono de Mi menor y esto [*toca el segundo acorde de la progresión, Sol mayor 13*] es probablemente un Sol mayor 6 o mayor 7 con la tercera y la novena y puedo tocar estas notas [*toca las notas D, A y E en cuartas descendentes en las cuerdas 1ª y 3ª en la 9ª posición*].

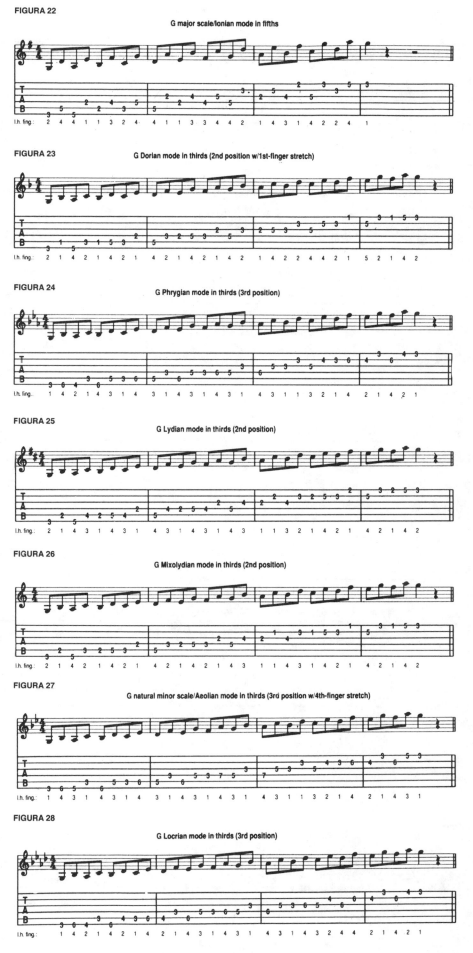

FIGURA 22
G major scale/Ionian mode in fifths

FIGURA 23
G Dorian mode in thirds (2nd position w/1st-finger stretch)

FIGURA 24
G Phrygian mode in thirds (3rd position)

FIGURA 25
G Lydian mode in thirds (2nd position)

FIGURA 26
G Mixolydian mode in thirds (2nd position)

FIGURA 27
G natural minor scale/Aeolian mode in thirds (3rd position w/4th-finger stretch)

FIGURA 28
G Locrian mode in thirds (3rd position)

UNA LECCIÓN CON STEVE VAI

FIGURA 29

E major scale/Ionian mode

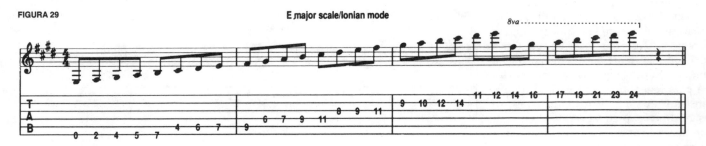

FIGURA 30a

FIGURA 30b

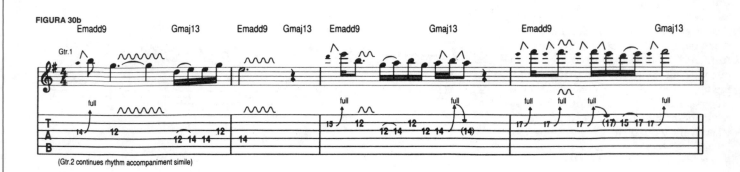

(Gtr.2 continues rhythm accompaniment simile)

"Es mucho más fácil decirte algo a ti mismo. Lo que pasa entonces es que empiezas a decirte cosas que son muy personales y que probablemente sólo tu entiendes, pero la personalidad que se esconde tras la frase llegará a la audiencia. Hará que tu solo signifique alguna cosa muy especial y añadirá sentimiento a la manera de tocarlo. Puedes confiar en esta técnica siempre que te encuentres en una rutina. Evidentemente, la base estará dictada por el ritmo. Es difícil, ya que requiere disciplina, pero vale realmente la pena intentarlo porque es muy expresivo."

Después de observar algunos ejemplos de "guitarra hablante" en la discografía de Steve Vai, como "Yankee Rose" con David Lee Roth o "The Dangerous Kitchen" con Frank Zappa, discutimos su origen. "Todo empezó con la canción 'The Jazz Discharge Party Hat' de Frank Zappa," reveló Steve. Frank tenía esta cosa de medio hablar/medio cantar que solía utilizar mucho."

"Esto hizo darme cuenta de que todo lo que haces y dices tiene una entonación que puede traducirse a música. Si ahora tomas nuestra conversación, cosa que puedes hacer porque la estás grabando, coges un metrónomo y paras la cinta a cada sílaba, verás que todo lo que dices son notas. Toma estas frases y transcríbelas en un papel intentando capturar las inflexiones. Es muy laborioso porque es duro escribir todos los matices del habla en un papel, pero puedes llegar incluso a orquestarlo."

Transcripción

"Solía transcribir partituras de orquesta para Frank, y era realmente difícil porque, acústicamente, el oído sólo descifra tres o cuatro sonidos diferentes a la vez. Tienes que ser capaz de concentrarte en un instrumento entre muchos, ya sea ajustando el ecualizador, escuchando la grabación en mono, cancelando algunas fases para oír ciertas cosas, escuchando solo un canal en mono o invirtiendo los canales [*invertir el cableado de los altavoces o la colocación de los auriculares*], ya que oyes cosas diferentes en cada oreja. Escuchar las cosas a la mitad de la velocidad ayuda mucho. Es realmente extraño; algunas veces a media velocidad oyes cosas que nunca te hubieras pensado que estuvieran en la grabación. Utilizar una pletina de cassette diferente también cambia el sonido. Una puede ser mejor para oír el acompañamiento y otra para los solistas."

Para terminar, Steve opinó, "Transcribir es una forma de meditación. Cuando lo hacía estaba tan obsesionado con ello y con la idea de trabajar para Zappa que me habría pasado literalmente 12 horas cada día transcribiendo. Algunas veces, cuando escuchas una parte de una cinta ésta se te lleva fuera de este mundo. Cuando te concentras mucho en una cosa puedes entrar en ella y desarrollar diferentes áreas de tu mente más allá de lo que creías posible."

Clase Magistral

Edward Van Halen ofrece algunas revelaciones exclusivas–muy exclusivas–acerca de sus característicos licks, viejos y nuevos

POR WOLF MARSHALL

MÁS DE 13 años después de su explosiva aparición en la escena rock, Edward Van Halen sigue siendo el innovador por excelencia, ampliando los parámetros sónicos de la guitarra a nuevos y excitantes territorios musicales. Con la misma naturalidad de siempre, Van Halen puede en cualquier momento puntuar un discurso seco y técnico con una cierta agudeza, un lick sinuoso o algo de humor negro. Confortablemente instalado en una habitación al lado del legendario estudio 5150, guitarra en mano, Ed procedió a hacer preciosas valoraciones de los viejos y nuevos Van Halenismos.

La Figura 1 ilustra un intervalo/alcance amplio tan típico de Van Halen que recuerda las líneas de "Eruption," "Ice Cream Man" (*Van Halen*), "Girl Gone Bad" (*1984*) y "Poundcake" (*For Unlawful Carnal Knowledge*). Este tipo de patrón de intervalo amplio coloca normalmente tríadas enteras en una sola cuerda. Observa la tríada en Do# disminuido (C#-E-G) de la Fotografía 1A. Todas estas notas deben tocarse en la primera cuerda utilizando la técnica de legato con estiramiento de los dedos patentada por Ed. Esta misma postura también se encuentra en la segunda cuerda, creando un sonido de Sol# disminuido (G#-B-D). La naturaleza simétrica de estas digitaciones (Fig. 2) aporta una unidad temática muy fuerte al lick. Toda la frase puede describirse como un patrón escalar combinado de Mi menor pentatónico (E-G-A-B-D)/Mi mayor pentatónico (E-F#-G#-B-C#). No obstante, según Ed, "es un lick de blues en Mi. Creo que descubrí mi dedo meñique. Es muy similar al lick de 'Eruption' [*2ª fase*], aunque éste estaba en La–lo mismo en un tono diferente. Estos alcances me parecen muy normales ahora, porque los he estado utilizando desde el primer álbum."

Otra característica de Van halen es la utilización de *armónicos naturales* (o N.H.) para crear melodías. Aquí también esta

FOTO 1A

FOTO 3A

FOTO 3B

FOTO 3C

FOTO 3D

FOTO 3E

FOTO 4A

FOTO 4B

FOTO 4C

FOTO 5A

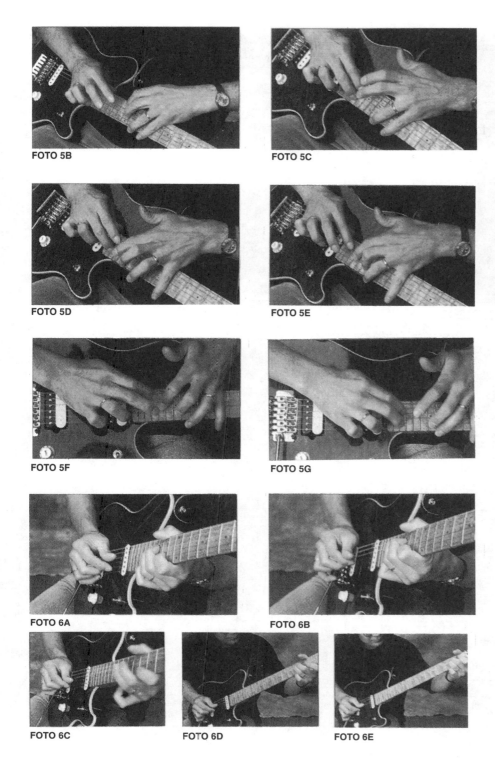

FOTO 5B

FOTO 5C

FOTO 5D

FOTO 5E

FOTO 5F

FOTO 5G

FOTO 6A

FOTO 6B

FOTO 6C

FOTO 6D

FOTO 6E

técnica proviene de sus principios con *Van halen* ("Running With The Devil," "I'm The One") y continúa en *For Unlawful Carnal Knowledge*. El lick de la Figura 3 es similar al que toca en "Poundcake."

"Utilizo los armónicos en las secciones de estrofa sobre los acordes de Mi y La para realzar la melodía," explica Edward. "Los armónicos de la primera parte están en las cuerdas 5ª y 6ª [Fotografías 3a y 3b]; los de la segunda parte están en las cuerdas 4ª y 1ª" (Fotografías 3c-e).

Observa la manera en que Edward su-

jeta la púa entre los dedos pulgar y corazón.

Los *armónicos con tap* han sido una especialidad de Edward desde *Van Halen II*. Él me demostró esta maniobra tocando un lick (Fig. 4) similar al de su solo de "Poundcake." (Los armónicos con tap están indicados mediante las letras A.H. que aparecen directamente sobre los símbolos de tap.) El lick se ejecuta de la siguiente manera:

1) Aplica bend a la primera nota Si (3ª cuerda/traste 4) un tono hasta Do#.

2) Mantén el bend y golpea la 3ª cuerda directamente sobre el traste 11 para provocar un armónico que es una octava más agudo (Do#).

3) Ahora golpea la cuerda sobre el traste 9. Se producirá un Sol# armónico que es una octava y una quinta perfecta más agudo que la nota tocada en el mástil.

4) Vuelve a golpear la cuerda sobre el traste 11 y a continuación sobre el 9 mientras dejas de aplicar el bend (de 3/4 de tono a 1/2 tono).

5) Con el armónico con tap del traste 9 aún sonando, suelta completamente el bend.

"Antes del álbum *Fair Warning* sólo utilizaba armónicos de octava–como en 'Women In Love' o 'Dance The Night Away,'" comenta Edward. "Más adelante me di cuenta de que haciendo esto...[*toca armónicos de octava, de octava y quinta y de dos octavas*], tenía más con que trabajar. Los golpeo con bastante fuerza; es necesario golpearlos con fuerza. Apago todas las demás cuerdas [*con los dedos pulgar e índice: Fotografías 4A-C*] para evitar que suenen. Mi pulgar siempre está amortiguando o sujetando cuerdas en algún lugar. Siempre que tocas con un amplificador es mejor poder controlarlo. Aunque mucha gente no se da cuenta de ello, esto es media batalla. Para mi es evidente–si no quieres que la guitarra produzca ruidos raros, apágalo todo excepto la nota que estés tocando. En las Fotografías 4A-C observa el apagado que aplica Ed, la *distancia de golpe* del dedo y los tres momentos de ejecu-

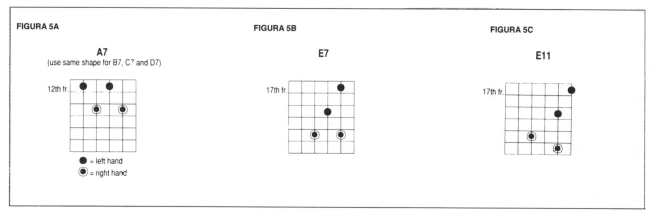

FIGURA 5A

A7
(use same shape for B7, C7 and D7)

12th fr.

FIGURA 5B

E7

17th fr.

FIGURA 5C

E11

17th fr.

● = left hand
◉ = right hand

ción de su técnica: 1) *preparación*, 2) *ataque* y 3) *recuperación*.

La Figura 5 muestra un tapping de tipo pianístico con las dos manos algo difícil con el que Edward perfila acordes. Un refinamiento de su solo en el mástil de su gira *1984*, esta técnica aparece utilizada básicamente en "Judgement Day" de *Carnal Knowledge*. Edward utiliza ambas manos para golpear componentes de los diferentes acordes. Las posturas de La7, Si7, Do7 y Re7 están todas basadas en el mismo patrón: la mano derecha golpea la tercera y la quinta del acorde en las cuerdas 2ª y 4ª, y la mano izquierda golpea la séptima y la fundamental en las cuerdas 3ª y 5ª (indicado mediante la letra H sobre la nota). Las Fotografías 5A-C muestran la posición de la mano de Ed para este lick; la Figura 5A muestra el patrón de tapping sobre el mástil de la guitarra.

La Fotografía 5C captura la llegada a la parte final (Re7) de la primera sección. Para el segmento Mi7-Mi11 (Fotografías

5D-G) de los dos compases finales, Ed utiliza los patrones que aparecen en las Figuras 5B y 5C. "Esto era originalmente parte del solo de la gira *1984*–evolucionó a partir de aquí," recuerda. "El apagado es una parte importante de esta técnica–el dedo meñique de la mano izquierda realiza un apagado completo de todas las cuerdas (*Fotografías 5A y 5B*). Míratelo de esta manera: si no aplicas apagado oirás sonidos desde el extremo del mástil y no obtendrás las notas correctas. [*Eddie golpea sin apagar para demostrar las notas no deseadas que se oyen en el extremo más grave del mástil.*] Básicamente lo que hago es tocar acordes y dividirlos entre las dos manos; yo deseaba algo que siguiera la progresión y terminara antes de pasar a 'Surf Punks'."

"En 'Pleasure Dome' [*For Unlawful Carnal Knowledge*] utilicé mi técnica de pulsación con el pulgar y el primer dedo [de la mano derecha] [*Figura 6 y Fotografías 6A y 6B*]. Toco este lick sobre un acorde de Fa#; te lo creas o no, las notas Re al aire suenan

bien si toco con suficiente rapidez." La frase está basada en una serie de quintas perfectas de desplazamiento muy rápido en las cuerdas 2ª y 4ª. La secuencia empieza en el traste 14 y desciende por el mástil hasta tocar con las cuerdas al aire.

La frase final (Fig. 7) es un ejemplo perfecto de lo que Ed durante muchos años ha descrito como "caerte por las escaleras y quedar de pie." Su efectividad depende de donde se termine–la manera en que *resuelves* la idea. "Tomo un patrón que me guste," explica, "y utilizo mi oído para guiarme hacia él–es así de simple." Observa, en esta figura, la utilización por parte de Ed de patrones de digitación simétricos, frases en legato, la aplicación de bend y el final en modo La dórico (A-B-C-D-E-F#-G)–todo ello muy familiar en el estilo de guitarra de Van Halen.

FIGURA 6

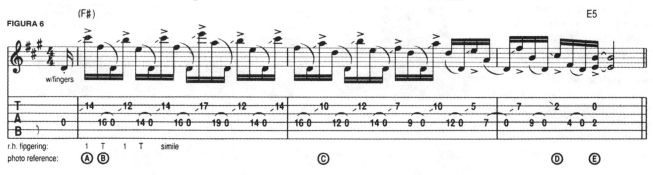

FIGURA 7

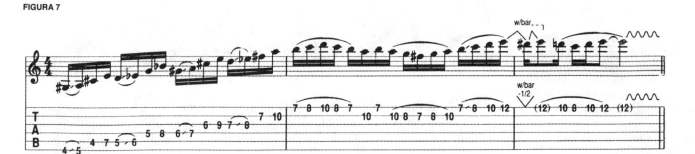

Unidos

Los fundadores del imperio de Queensrÿche, **Chris DeGarmo** y **Michael Wilton**, explican de manera muy elocuente la gran efectividad de un ataque guitarrístico por dos flancos.

POR NICK BOWCOTT

"HAY MUCHAS COSAS muy interesantes que pueden realizarse con dos guitarras además de las obvias líneas armónicas a dos guitarras utilizadas por grupos como Thin Lizzy o Iron Maiden," afirma Michael Wilton de Queensrÿche.

"También puede construir acordes más allá de su configuración básica en tríadas," explica la otra mitad del excelente dúo guitarrístico de la banda, Chris DeGarmo.

"También existen otras ideas relativamente menores y pueden utilizarse acordes que se combinen bien—como crear un Dosus4 con un Fa5 y un Do5, por ejemplo," comenta Wilton. "Sin embargo, para ser honestos debemos decir que no analizamos demasiado lo que hacemos."·

"Pero intentaremos hacerlo lo mejor que podamos," ríe DeGarmo. "Empezaremos enseñando la manera de crear una sección de ritmo más amplia y expansiva." Los dos empiezan a tocar la Figura 1, un pasaje de cuatro compases similar al preestribillo de "Empire."

"Michael toca la base de acordes [Re5], mientras que yo toco un riff melódico en Re menor. El movimiento cordal amplía la armonía," explica DeGarmo muy entusiasmado. "También es importante observar que nuestros ritmos están perfectamente sincronizados [cada guitarrista toca una díada en el tiempo 1 y en el penúltimo de cada compás].

"Simplemente utilizo un acorde de Re5 la mayor parte del tiempo, pero la parte de Chris cambia completamente la imagen sónica general." La secuencia de acordes resultante de la combinación de las dos partes está indicada sobre la partitura de la Figura 1.

"La división de algo en dos líneas de acordes independientes de dos notas te permite aprovechar al máximo el espectro estereofónico en el estudio. La panoramización de partes [emfatizarlas en los canales derecho o izquierdo] es algo básico dentro de nuestro sonido," afirma Chris. "Tomando incluso la idea cordal más simple y dividiéndola en componentes de dos o tres notas, y colocándolos en áreas diferentes de la mezcla nosotros creamos un sonido más profundo y completo."

"Exactamente," comenta Michael. "Si la parte de guitarra de Chris estuviera encima de la mía en la mezcla [es decir, ambas

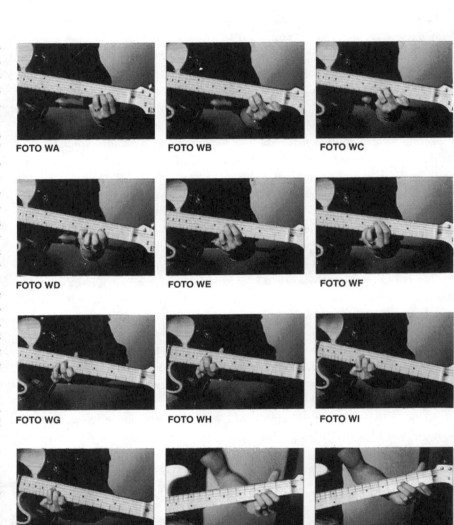

FOTO WA   FOTO WB   FOTO WC

FOTO WD   FOTO WE   FOTO WF

FOTO WG   FOTO WH   FOTO WI

FOTO WJ   FOTO DA   FOTO DB

FOTO DC   FOTO DD   FOTO DE

FOTO DF   FOTO DG   FOTO DH

guitarras panoramizadas en el mismo punto dentro de la imagen estereofónica], el sonido quedaría 'amontonado.' Panoramizando puedes separar las dos guitarras y crear un sonido general más amplio."

Seguidamente Chris y Michael nos ofrecieron otro simple aunque efectivo motivo a dos guitarras similar al utilizado en el estribillo de "Revolution Calling" (Fig. 2). "Este ejemplo también está en Re menor," apunta DeGarmo. "Michael toca una serie de acordes de dos notas [*díadas*] para crear un movimiento muy cohesionado con el pulso de la sección rítmica [*bajo y batería*]. Mientras tanto, yo toco algunos acordes que perfilan la secuencia de acordes, rellenan algunos espacios y crean un sonido más lleno. Después, en el compás 4, mi parte se une a la de Michael [*rítmicamente*] y actúa de ampliación armónica de lo que él toca. Este resultado es muy difícil–si no imposible–de crear con un único guitarrista debido a la combinación de notas resultante."

¿Cómo lo hacen estos tipos para crear estas partes de guitarra dobles tan impresionantes? "Aparecen misteriosamente," ríe DeGarmo. "Cuando escribo pienso en términos de dos guitarras–y Michael también. Por lo tanto, cuando tengo una idea sé el tipo de interacción que deseo entre las dos partes de guitarra, y normalmente compongo ambas partes. Michael hace lo mismo. Cada vez más nos fiamos de las ideas del otro, y normalmente sólo es un problema de quien toca cada una de las dos partes presentadas."

"Yo normalmente escribo de la siguiente manera: tengo una parte básica y la grabo en una cinta de manera bastante básica," explica Wilton. "Entonces dejo la gui-

tarra, me relajo totalmente y la reproduzco un par de veces. Con ello puedo 'oír' una parte superior sobre ésta. Una vez he formado esta segunda línea en mi cabeza intento tocarla en la guitarra."

"Aunque somos dos, no hay ninguna norma no escrita por la cual tengamos que tocar siempre partes diferentes," señala Chris. "Depende de los requisitos de la canción en particular. Algunas secciones pueden sonar mejor si nos fundimos y tocamos un riff al unísono; otras se verán indudablemente mejoradas si tocamos líneas diferentes pero complementarias."

"Algunas veces una idea no necesita dos guitarras. Toma la estrofa de 'Della Brown' por ejemplo. La parte que escribí era muy dispersa. Añadir otra guitarra no tenía ningún sentido. Es una canción muy solitaria con un sonido muy solitario, por lo que era necesario mucho espacio. Michael no vino y me dijo 'Vaya tío, me has dejado fuera de la estrofa.' Simplemente dijo 'Es muy bueno.' Este tipo de actitud es típica en la banda. Siempre hemos intentado tener muy claro que el objetivo del cada día

FOTOS REFERENTES A LA FIGURA 4

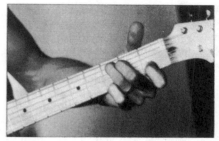

FOTO DI

FOTO DJ

FIGURA 1

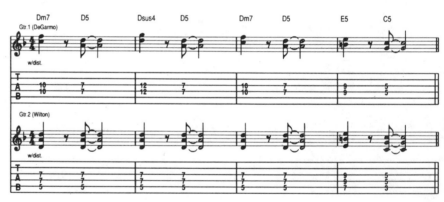

FIGURA 2

es escribir una buena canción. Si nos encontráramos en una situación en que cada uno deseara escribir y proteger sus propias partes sin intentar trabajar con los demás, sería muy contraproducente. Queensrÿche no es así, y ésta es la razón por la que nuestro material tiene una cohesión importante."

Una vez hecha esta consideración acerca de sus hábitos de trabajo y escritura, Chris y Michael volvieron a sus guitarras. La Figura 3 es una pequeña y bonita parte que recuerda la estrofa de 'I Don't Believe In Love.' "Lo último que te hemos enseñado era algo en que una guitarra tocaba algo rítmicamente muy denso mientras que la otra perfilaba una progresión con unos acordes con mucha sonoridad. Ésta es otra idea interesante que sigue la misma línea," explica Chris. "Esta pieza vuelve a utilizar el Re menor. Observa que ambos tocamos la misma secuencia de acordes, pero yo arpeggio cada postura y cambio de acorde en el primer tiempo débil de cada compás. Michael, mientras

tanto, deja sonar cada uno de los acordes y cambia medio tiempo antes que yo [anticipación]. La utilización de estos "empujes" sobre un patrón regular que cambia en el tiempo débil crea un cierto swing. Nos gusta bastante utilizarlo."

Al preguntarle que comentara la sorprendente naturaleza de los acordes utilizados en esta progresión, Chris respondió: "Siempre me han gustado más los tonos menores que los mayores, tienen más sentimiento."

La Figura 4, una versión simplificada de lo que los dos hacen en "Della Brown" y la oferta final de nuestro dúo dinámico, ofrece otra herramienta musical que puede ser muy efectiva cuando se utiliza con dos guitarras: desplazamiento contrario. Este término se refiere a un tipo de desplazamiento de acordes en el que una línea cordal o de melodía sube mientras la otra baja.

"Ésta es una idea muy simple," comenta DeGarmo. "En este ejemplo empezamos juntos [en el compás 1] y seguidamente nos desplazamos en direcciones opuestas en

el mástil. Pero, por el hecho de utilizar el mismo tono y de doblar la mayor parte de las cuerdas al aire, creo que la dos partes se complementan perfectamente–especialmente al final. Tomar una progresión y desplazarse en direcciones opuestas por el mástil es algo que es muy fácil de hacer con dos guitarras y que puede sonar sensacional." El último compás de esta figura es un ejemplo perfecto de lo efectivo que puede ser cuando los dos guitarristas tocan el mismo acorde en diferentes posiciones del mástil.

Por muy sofisticados que puedan llegar a ser sus arreglos para dos guitarras, Chris y Michael no se basan en sus conocimiento de la teoría musical para crear su peculiar interacción guitarrística: "Definitivamente no," afirma DeGarmo con rotundidad. La mayoría de cosas a dos guitarras las hacemos simplemente porque suenan bien. No pasamos mucho tiempo discutiendo si un acorde o un patrón rítmico en concreto funcionará o no con otro. Creo que cuando das demasiada importancia a la teoría musical corres el peligro de desarrollar libritis–una enfermedad que mata el potencial creativo de una canción."

"Estoy completamente de acuerdo," afirma Michael de manera vehemente. "Una cierta ignorancia es a veces una ventaja. Es decir, yo puedo leer música. He estudiado música clásica y sé algo de teoría. Pero esta parte de mi carácter musical la veo como algo aparte. Normalmente me olvido de esto cuando escribo. Siempre intento evitar ser demasiado analítico–si un pasaje suena bien, ¿porqué preocuparse por si es correcto o no según los libros?

Nick Bowcott es un hombre de Eton

FIGURA 3

FIGURA 4

CÓMO TOCAR ROCK

Deslizarse y Resbalar

El tornado blanco de Texas nos enseña sus deslumbrantes licks, sus perversos bends y su feroz técnica slide.

POR DAVE WHITEHILL

DURANTE VARIAS GENERACIONES, Texas ha sido una tierra muy fértil en bluesmen elegantes. T. Bone Walker, Albert Collins, Billy Gibbons y Stevie Ray Vaughan provienen del estado de la Estrella Solitaria. No obstante, Johnny Winter fue el hombre que introdujo la tradición blues del Texas profundo a las audiencias de rock, allanando el camino para la aceptación comercial de los demás artistas. En 1968 la revista Rolling Stone proclamaba que Winter tocaba "una de las guitarras más viscerales y fluidas que nunca se han oído." Más de 20 años después él continúa arrasando el mástil con insondable y puro abandono.

Antes de examinar algunos de sus más peculiares licks, es importante ahondar un poco en el enfoque técnico único de Johnny en la guitarra. En primer lugar, no utiliza una púa plana. Él prefiere atacar las cuerdas con una púa del pulgar y con sus dedos. Algunas veces coge la púa del pulgar como una púa plana normal. "Lo hago cuando realizo pulsaciones hacia arriba para evitar que la púa caiga." Podrás observar por la postura de la mano derecha (Fotografías A y B) que la muñeca está muy recta y que sus dedos prácticamente no se mueven cuando rasga las cuerdas. No obstante, cuando toca slide hace girar ligeramente su antebrazo y apaga las cuerdas no necesarias con la palma de la mano derecha y con las yemas de los dedos (Fotografías C y D).

FOTO A

FOTO B

FOTO C

FOTO D

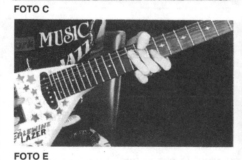

FOTO E

FOTO F

FOTO G

FOTO H

UNA LECCIÓN CON JOHNNY WINTER

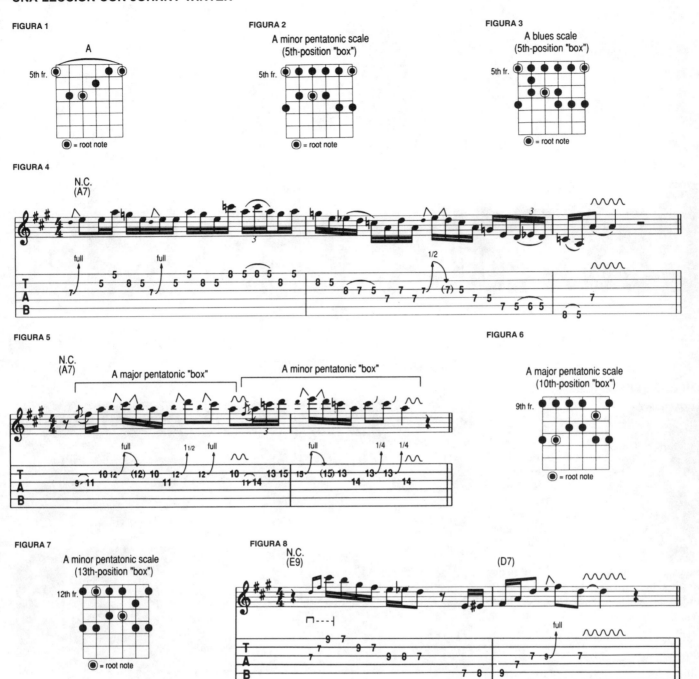

FIGURA 1

A

FIGURA 2

A minor pentatonic scale
(5th-position "box")

FIGURA 3

A blues scale
(5th-position "box")

FIGURA 4

FIGURA 5

FIGURA 6

A major pentatonic scale
(10th-position "box")

FIGURA 7

A minor pentatonic scale
(13th-position "box")

FIGURA 8

La postura de la mano izquierda de Winter también varía. Cuando aplica bend a las cuerdas, Johnny generalmente dobla el pulgar por encima del mástil para un mayor apoyo y utiliza los dedos 2° y 3° para tirar de la cuerda (*digitación reforzada*). En este caso (Fotografía E), el primer dedo está sobre la 2ª cuerda para poder colocarlo rápidamente sobre el mástil al tocar licks que empiecen como el de la Figura 4. Al tocar algo que requiera un mayor alcance de los dedos, Winter pasa el pulgar a la parte posterior del mástil (Fotografía F). Al tocar slide, apaga las cuerdas detrás del slide con los tres primeros dedos (Fotografía G). Si utiliza los dedos para tocar cuerdas (Fotografía H), mantiene el slide a una cierta distancia del

mástil para evitar entrar en contacto con las cuerdas de manera accidental.

PATRONES

Johnny dijo que había aprendido sus primeros licks de blues en el patrón de blues basado en el acorde de la Figura 1. Las dos escalas contenidas dentro de este patrón, la escala pentatónica menor y la escala de blues, aparecen, respectivamente, en tono de La en las Figuras 2 y 3.

"Es posible tocar muchas cosas sin ni tan siquiera mover la mano de esta posición," declaró Winter. "Imagina que estoy tocando en La, hago mucho esto [*toca la Figura 4*] y permanezco en la misma posición. Cuando creo que ya he hecho todo lo que podía en esta posición, cambio a otra." Johnny subsiguientemente tocó el lick de

la Figura 5, empezando con el patrón de La mayor pentatónico en la posición 10 antes de pasar al patrón pentatónico de La menor en la posición 13. Las Figuras 6 y 7 muestran las formas de los patrones completos para estas dos escalas.

Además del acorde de la Figura 1, también es posible utilizar otras posturas de acordes de blues como base para patrones. Para demostrarlo, Johnny tocó un lick que puede utilizarse sobre los compases 9 y 10 de una progresión de blues estándar de 12 compases en La (Fig. 8). En el primer compás combina las posturas de un acorde de Mi en la posición 7 y de un acorde de Mi9 en la posición 6 (Fig. 9). Observa la manera en que el segundo compás de la Figura 8 perfila una tríada de Re

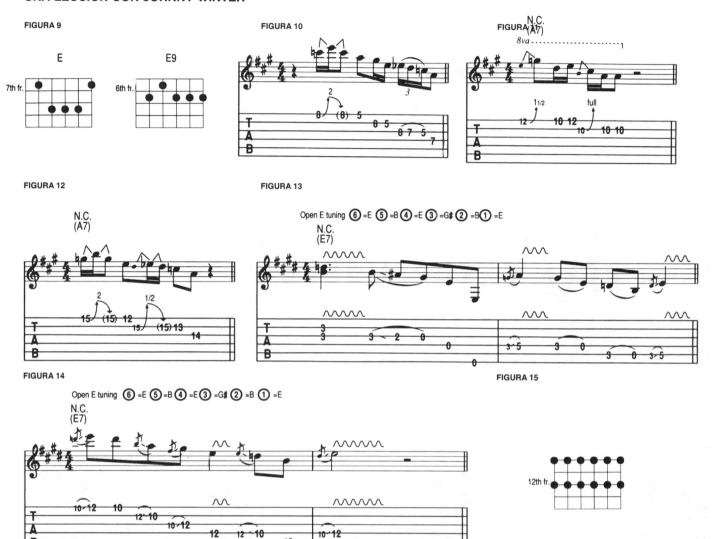

mayor (D, F#, A) en la misma posición.

BENDS DE CUERDAS

"Antes de aprender a aplicar bend a las cuerdas yo oía a gente que lo hacía en los discos, pero no sabía cómo lo hacían," explicó. "Yo utilizaba cuerdas Gibson Sonomatic muy duras, que prácticamente no podían moverse. En aquellos tiempos no había cuerdas más ligeras. Más tarde descubrí que muchos guitarristas de blues cambiaban las cuerdas. Algunos substituían la cuerda Sol por la segunda cuerda Si. Otros substituían la cuerda Mi aguda por una cuerda Sol aguda de banjo o por una cuerda La aguda metálica, y desplazaban todas las demás cuerdas hacia abajo, colocando la cuerda Mi aguda donde normalmente está la Si, la Si donde se encuentra la cuerda Sol, y así sucesivamente."

"Una vez todo el mundo supo lo que pasaba, aparecieron las cuerdas más ligeras. Al principio intenté seguir con las cuerdas gruesas y utilizar un tremolo [*barra de vibrato*] Bigsby, ya que ésta era la manera en que me imaginaba que hacían estos bends." Actualmente Johnny utiliza unas cuerdas ligeramente más gruesas y las afina un tono más graves (de más grave a más aguda: D, G, C, F, A y D. La notación de los ejemplos musicales que aparecen aquí reflejan meramente las posiciones utilizadas y no las notas tocadas.)

A continuación Johnny pasó a explicar su peculiar técnica de "sobrebending." Para demostrarla tocó un lick de blues en tono de La similar al que se oye en "Illustrated Man" de su último LP, *Let Me In* (Fig. 10). El lick empieza con un bend de dos tonos desde la tercera grave (Do) hasta la quinta (Mi). La Figura 11 muestra la manera en que Winter coloca algunas séptimas en un lick pentatónico mayor con un bend de un tono y medio desde la quinta a la séptima (en este caso, de Mi a Sol).

"No sé como empecé a hacer esto [*sobrebending*]", comentó. "Quizás viene de tocar slide, ya no recuerdo haber oído nunca nadie aplicar unos bends tan exagerados. Pero una vez empecé no pude parar." En el siguiente ejemplo de la Figura 12 aparece el bending de dos tonos de la séptima (Sol) hasta la novena (Si).

GUITARRA SLIDE

"Desde hace mucho tiempo el slide me ha confundido completamente," confesó Johnny. "Es lo mismo que con el bend de cuerdas–sabía que pasaba algo. Pero no sabía qué. En los discos de Muddy Waters podías oírlo tocar las cuerdas en los trastes de la manera normal, pero después sonaba como una guitarra steel. Yo pensaba, '¿Cómo puede hacer ambas cosas?'" Por suerte, Johnny encontró la respuesta en las notas explicativas de un álbum, y a partir de aquí desarrolló su propia y característica técnica de guitarra slide. Descubrió las diferentes afinaciones utilizadas por otros intérpretes escuchando las cuerdas al aire.

Las Figuras 13 y 14 muestran un par de licks slide que Johnny toca con la afinación de Mi (grave a aguda: E, B, E, G#, B, E). Recuerda que el slide debe utilizarse como si se tratara de un traste móvil, sin que entre en contacto con el mástil. El slide debe estar siempre paralelo a los trastes.

La Figura 15 muestra un patrón en la posición 12 para tocar slide en la afinación de Mi. Una vez te hayas familiarizado con este patrón, intenta transportarlo a las posiciones correspondientes para los acordes IV y V (La y Si respectivamente). El acorde de La se encuentra entre los trastes 5 y 17; el acorde de Si se encuentra entre los trastes 7 y 19.

Joven Sureño

Trabajando dentro de los confines del formato clásico de Ozzy Osbourne, **Zakk Wylde** añade una generosa ración de country a sus poderosos acordes–su ingrediente secreto para cocer un guisado heavy metal pecúliar y con mucho corazón

POR CARLO SEKA

ZAKK WYLDE APARECE en la escena rock hace unos tres años y medio, el último de una larga línea de potentes descendientes de Ozzy Osbourne. Aunque su estilo es similar en intensidad al de sus predecesores, la afinidad de Zakk con músicos como Albert Lee y grupos de rock sureño como Allman Brothers y Lynyrd Skynyrd lo diferencian de Jake E. Lee, Randy Rhoads y otros de ese jaez. El metal con raíces grass único de este joven guitarrista ha llegado a la realización creativa en su nuevo álbum, *No More Tears*. Zakk invitó recientemente a Guitar World a su acogedora casa del sur de California para un encuentro íntimo con los picantes licks que hicieron saltar a la fama al último Ozzy.

Cogiendo un cigarrillo, Zakk tocó un lick en La inspirado en Albert Lee (Fig. 1). Este lick requiere una sofisticada técnica con la mano derecha llamada *pulsación híbrida* (púa y dedos), que Zakk utiliza para tocar una serie de pasajes tipo banjo en las cuerdas 2ª, 3ª y 4ª empezando con el acorde de Re5 que aparece en la Fotografía A. Para tocar el lick sujeta la púa entre los dedos pulgar e índice. A continuación apaga las cuerdas inferiores apoyando la palma de la mano sobre ellas delante del puente. Las cuerdas superiores

FOTO A

FOTO B

FOTO C

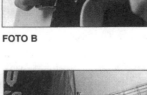

FOTO D

FOTO E

FOTO F

FOTO G

FOTO H

FOTO I

FOTO J

FOTO K

FOTO L

UNA LECCIÓN CON ZAKK WYLDE

FIGURA 1

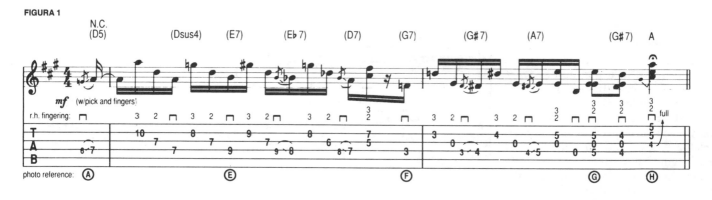

FOTO M FOTO N FOTO O FOTO P

FOTO Q FOTO R FOTO S FOTO T

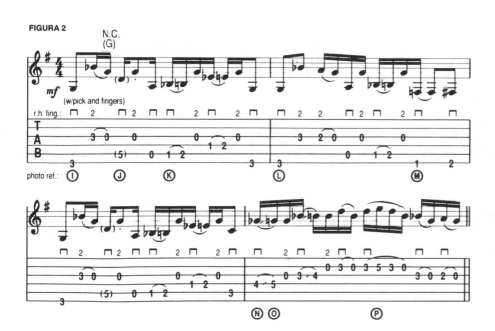

FOTO U FOTO V

FIGURA 2

deben sonar libremente (Fotografía B). Después de pulsar la primera nota con la púa (hacia abajo), toca las dos siguientes pulsando las cuerdas 2ª y 3ª con los dedos anular y corazón respectivamente (Fotografías C y D). Continúa con este patrón de pulsación híbrida para las cuatro siguientes posturas de acordes (indicados entre paréntesis). Observa que la postura Mi7 (Fotografía E) se desplaza hacia abajo cromáticamente para Mib7 y Re7.

Este patrón vuelve a empezar con la pulsación de la semicorchea antes del segundo compás con la postura de Sol7 que aparece en la Fotografía F. La cuerda Sol al aire crea algunas armonías interesantes a medida que la postura se desplaza de manera cromática hacia arriba durante los dos siguientes tiempos. Utiliza ambos dedos y la púa (Fotografía G) para hacer sonar los grupos de sonidos durante el tiempo 3 y el bend oblícuo que aparece en la Fotografía H. (Observa la digitación reforzada de la mano izquierda para el bend.)

Zakk demostró un ejemplo más rítmico de su técnica de pulsación con un lick en Sol (Fig. 2). Aquí alterna notas de bajo apagadas con la palma (palm-muted), martilleos (hammer-ons), estiramientos pulsados (pull-offs) y cuerdas al aire (Fotografías I-M). La mano derecha realiza un patrón más errático que el utilizado en la Figura 1, que es bastante sencillo. El riff debe su sabor country/blues a su ritmo percusivo, a la ambigüedad mayor/menor y al uso de adornos cromáticos. Zakk concluyó el lick con una hábil maniobra estilo bluegrass, incorporando slides y estiramientos (Fotografías N-P).

El corazón de los riffs incendiarios de Zakk es el uso de escalas pentatónicas mayores y menores (respectivamente, fundamental, 2, 3, 5, 6 y fundamental, b3, 4, 5, b7). La Figura 3 está basada en una escala pentatónica de Mi menor (E, G, A, B, D). Aquí Zakk utiliza una digitación poco ortodoxa de la mano izquierda para ejecutar una secuencia descendente muy rápida (Fotografías Q y R). Los acentos fuertes (indicados con el signo >) en la primera nota de cada segmento de escala descendente da a este lick una calidad sincopada muy atractiva. Zakk termina la frase con un toque blues tocando la tercera *mayor* (Sol#) antes de pasar a la fundamental (Mi) desde la séptima (Re).

Cuando le pedimos que explicara la manera en que todo esto se relaciona con su trabajo con Ozzy, Zakk rápidamente tocó los primeros ocho compases de su solo en "Don't Wanna Change The World", de *No More Tears* (Fig. 4) "¿Crees que podrías oír esto en un disco de Ozzy?" preguntó Zakk, refiriéndose al riff country turbo de los cuatro primeros compases. "Si oyera una guitarra limpia le vendría algo."

Wylde utilizó la pulsación híbrida en la primera parte de la Figura 4 (observa las digitaciones de la mano derecha sobre la tablatura). Este pasaje incluye el *prebend oblicuo y liberación* tipo country en el primer tiempo del segundo compás (Fotografía S). Si se ejecuta correctamente, esta técnica puede crear un sonido similar al de una guitarra pedal-steel. En el compás 3 Zakk toca un lick sincopado con bend de cuerdas basado en la escala pentatónica de Re mayor (D, E, F#, A, B). La hábil frase que sigue en el compás 4 (Fotografía T) está basada en la escala mayor pentatónica en La (A, B, C#, E, F#) en la posición 14, con algunos giros cromáticos.

En este punto, Zakk cambió a una técnica más convencional para tocar dos compases pulsados a gran velocidad. En la frase final hay extraño giro en los eventos sónicos, donde golpea una cuerda con la mano derecha y le aplica bend con la ayuda de la izquierda (Fotografía U). Con el bend todavía aplicado con el dedo de la *mano derecha*, el dedo de la mano izquierda se recoloca antes del traste 4 para un estiramiento, y por último libera la cuerda (Fotografía V).

"Don't Wanna Change The World"
letra y música de Ozzy Osbourne, Zakk Wylde, Randy Castillo y Lenny Kilminster.
De la grabación de Epic No More Tears.

FIGURA 3

FIGURA 4

"Don't Want To Change The World": guitar solo excerpt

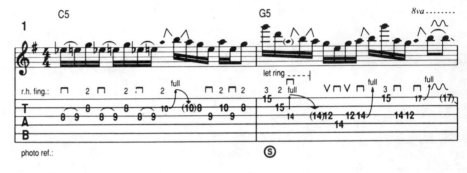

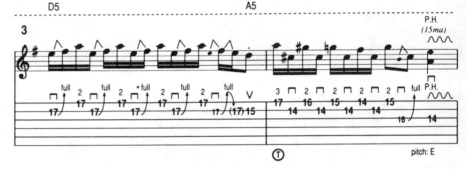

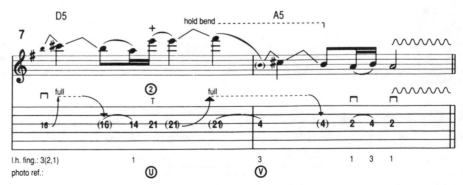